最新版

経験ゼロからのステップアップ

Mountain Climbing!

女子の山登り入門

著＊小林千穂

Contents

PART 3 山登りの基本技術

PART 4 山での楽しい過ごし方

PART 5 山でのピンチと対策

PART 6

オススメの山リスト

COLUMN

本書は2023年3月現在の情報をもとに構成されており、今後変更される可能性があります。また山は自然現象や気象変化により、日々状況が違います。本書で紹介する内容は、登山の一つの方法、手段として参考にしてください。本書の内容は各自の責任と判断のもとにご利用いただき、これらの情報を利用されたことによって生じた損害や問題については、本書は一切責任を負いません。

Part
1

山登りの計画と準備

山についての情報、登山に最適な季節や気候、
山までのアクセス、歩くルートについてなど、
山登りの初歩的な知識を紹介します。

いいお天気！どこかに出かけたいなぁ～
最近運動不足だし…
ハー
でもつい週末はごろごろして、気づくと終わってる…
フウコ（28）都内　会社員
お、会社の××も△△も山に登ってるのをアップしてる～
行楽日和だもんね
いいなぁ
そういえば私も学生のとき山登りしたことあるけど楽しかったな～
でもそのときは手ぶらで行っちゃったり体力ないからいろいろ迷惑もかけちゃったんだけど…
ありっ？
足が痛い…
ハァハァ
大丈夫？
それからなんか行きづらくなっちゃって
ひとりではコワイし…
ハーア

おっ!!
山ガール ファッションて かわいいなぁ
カラフル
ちょっと のぞいて みようかな
あれ、なんか 取材してる
芸能人 かなー
あっ かわいい色
あっ そのウェア すごく いいですよ
あっ さっきの
どちらの 山に 行かれるん ですか？

あっいえ かわいいなって 見てる だけです
でも山登りは してみたいん ですけど
初心者なので どうすれば いいか全然 わからなくて…
えへへ
そっか～ じゃあ
私が教え ましょうか？
え!?
いきなり ごめんなさい
私、山岳ライター をやってます
チホって いいます
わぁ
山岳 ライター さん！
山は いいですよ～
空気は おいしいし
森林は マイナスイオン たっぷりだし
お花や 星空が見えたり…

仕事でヘロヘロでもあえて山に行くことで疲れが逆にとれちゃうんです
へぇ〜
ステキ
そうだ今度近郊の山に登山に行こうと思ってるんだけど
よかったら一緒にどう？
えっいいんですか？
私、超・超・初心者なんですけど
たっ体力もないし…
一緒に登ってもチホさんの足をひっぱちゃうかも…
オロ
オロ
クスクス
こわがらなくて大丈夫
山登りって人それぞれレベルや好みに合わせて『自分の山スタイル』を見つけられるのがいいところなんです
マイスタイル！
疑問や不安、一つずつクリアしていきましょう！
わー

山登りの計画と準備 01

はじめの一歩は情報収集!

山についての情報を集めよう

❶ ガイドブック

地域別、目的別、難易度別などさまざまなガイドブックが出ています。興味がある山が載っている本を探そう。

『新・分県登山ガイド 改訂版・改訂新版』シリーズ
山と溪谷社
都道府県別に代表的な山を紹介しているエリアタイプのガイド。周辺情報もわかる。近所の山を探すのにGOOD。

『ワンゲルガイドブックス』シリーズ
山と溪谷社
山域別にまとめており、山のコースが選びやすい。単なるガイドとしてだけでなく、リアルに書かれた山歩きのルポも◎。

❷ インターネット

天候や交通、登山道状況など直前情報が手に入るのが魅力。各山小屋や麓のビジターセンターが運営しているサイトも。

ヤマレコ
http://www.yamareco.com/
山専用のコミュニティサイト。全国のユーザーから情報が集まるので情報量が多い。

ヤマケイオンライン
https://www.yamakei-online.com/
山と溪谷社が運営する登山情報サイト。あらゆる登山者のニーズに応えてくれる。

❸ テレビ

映像で山の魅力を紹介してくれるので、実際に山に行った気分が味わえる。登りたい山を見つけるのにも。

「にっぽん百名山」
NHK BSプレミアムほか
毎週月曜 午後7時30分～8時
経験豊富な山岳ガイドに導かれて、自分も登山道を歩いている気分になれる。

❹ 専門定期誌

山の知識を深めたいときや、より詳しい情報を集めたい、季節に合った情報を知りたいときに役立つ。

『山と溪谷』
山と溪谷社
創刊から90年以上の歴史を誇る山岳雑誌。初心者からベテランにまで役立つ情報がたくさん。

情報収集から楽しんでモチベーションを上げよう

山へ行きたいと思ったら、まずは「山」という世界を知ることから。テレビや本、インターネットなどでは、いろんな人がいろんな山の魅力や情報を発信しています。経験者が近くにいれば、話を聞くのも参考になります。調べるうちに、「この山に登ってみたい!」と興味やモチベーションが上がってくるはず。

登山は自然が相手なので、調べすぎということはありません。いろいろなメディアを使って、情報を多角的に得るとよいでしょう。

山登りの目的は「頂上に立つこと」だけではありません。登る過程や仲間との時間そのものすべてが思い出になるのです。難しく考えすぎないで、まずはトライしてみて!

Check!

山登りの魅力から気持ちを広げよう

NATURE

山でなければ見られない景色！

1 出合う自然がドラマチック

山は都会よりも四季の変化がドラマチック！　一斉に花が開く春、緑が目にしみる夏、木々が燃え上がるような秋、どこまでも白い冬、それぞれの美しさがギュッと凝縮されています。また、山に行かなければ見られない動物や植物などを見つけると、「出合えた」感じがうれしいものです。

「この出合いは奇跡」と感じられる瞬間があります。雄大な自然を眺めているだけで心がスッキリ。

ゆっくりで大丈夫！

焦らず、確実に歩みを進めていきましょう。ゆっくり登ることが、山登りの極意でもあります。

ACTIVE

2 勝手に体が動く

ウォーキングの２時間は長く感じても、山登りの２時間はあっという間に歩けます。景色を見ながら、仲間と話しながらなどで苦になりません。また、ほかのスポーツは人と競うものが多いですが、山登りは競争ではありません。一人でもでき、自分で目標を決められます。自分のペースでできるので、年齢を重ねても続けられますよ。

DISCOVERY

落ち込んだときこそ山へ行こう！

3 新しい自分を発見できる

山登りは非日常的、冒険的で、自分の知らなかった内面を発見できます。また、１歩ずつ歩みを重ねて後ろを振り返ったとき、「こんなに登れた」と自分のすごさを実感できるでしょう。日常で何か困難にぶつかっても、「あの山に登れたんだから、できる」と思えることもあります。

登れた自分を褒めてあげましょう。どんな困難も乗り越えられるはず！と気力も湧いてきます。

初心者を迎えてくれる山

季節によって変わる山の魅力

いっせいに緑が芽吹く頃。生命の力強さ、たくましさを感じられます。

春〜夏なら

霧ヶ峰、立山の室堂《むろどう》、八方池、千畳敷《せんじょうじき》などがオススメ。

Chiho's Advice

夏はロープウェイなどの乗り物を使って、行程が短くても行ける標高が高い山に挑戦。高い山から見える景色は低い山とは全然違います。登山の醍醐味が味わえますよ。

高い場所ほど気温が下がるので、暑い夏の高山は過ごしやすく、登山にぴったりの気温です。

秋〜冬なら

高尾山、鎌倉アルプス、筑波山などがGOOD

体力的にキツくなってしまったら、ロープウェイで下るのも手です。

山の間からいつもの街並みを見るのも気持ちいい。

Chiho's Advice

雪があると難易度が上がるので、標高1,000m以下の低い山へ。駅に近いと登山口まで行くのも楽です。天気予報をこまめに見て、雪が降っていないことを確認して。

春、秋など穏やかな季節に低い山から始める

山のベストシーズンは、地域によっても、山によっても異なります。一般的にいうと、山登りを始めるなら春、秋がよいでしょう。山の高さは1000mぐらいまでを選んで。標高が高すぎると初心者にはハードで、低すぎると、体力やセンスのある人は物足りなく感じることもあります。そんな場合は少しずつステップアップしてみましょう。

標高がほどほどで比較的簡単に登れる山から始めると、達成感と山登りのおもしろさが味わえ、「また次も」となるでしょう。また、登山者が多いメジャーな山は施設が充実し、山へのアクセスがよく、登山道が整備されているので初心者向け。ケガなどのトラブル対処もしやすく安心です。

Check!

はじめての山はリスクを最小に

地元の山の
魅力を再発見！

ACCESS

1 自宅から近い山を選ぶ

家の近くで初心者向けの山を探し、まずはそこに出かけてみましょう。地元の山は位置関係がわかりやすく、道標や案内板を見たときにも方向がつかみやすいので安心です。また、慣れない登山で疲れたり、万一ケガをしたときなども、自宅が近ければすぐに帰ることができます。

地元ならではの土地勘が役に立ちます。山の頂上から、自分の住んでいる街を見るのも新鮮。

WALKING TIME

適度な運動から
始めてみましょう

2 行程２～３時間で登れる山

慣れるまでは、一日の行程を２～３時間程度にするとよいでしょう。ガイドブックのコースタイムより、２～３割増しで時間に余裕を持って。途中で何かしたいことがあれば、その時間も加味して。登りと下りを違うコースで行くと変化がつけられますが、はじめのうちは同じコースを往復するほうが安心です。

頂上に神社があったり、登山者が多い山には、売店が並んでいるところもあります。

SEASON

木々が少しずつ
芽吹く季節

3 はじめて行くなら春が◎

日が長くなり、暖かい春は、行動時間が長く取れ、装備も少なめで済むので初心者向き。春のうちに低山で経験を積んで、夏にちょっと高めの山に挑戦するなどの計画も立てやすくなります。秋も登りやすい季節ですが、山に慣れてきた頃に雪のシーズンが来てしまうので残念に思う場合も。

春のうちに登山を何度か経験しておけば、夏に憧れの山に挑戦できるかもしれません。

山登りの仲間を探そう!

はじめは登山経験者と一緒に行くのがベスト

山はほかのスポーツと違って、自然がフィールドです。天候が急変すれば、雷雨や強風、霧、寒さなどに苦しむ場合もあります。最悪の場合は命に関わる危険さえも……。

安全に登山をするためにも、山をよく知る経験者と一緒に登るのがベストです。初心者は「そろそろ雨が降りそう」とか「これ以上行くと危ない」などの見極めや加減ができず、無理して登ってしまいがち。その点、経験者がいると山の怖さをよく知っているので、よい調整役になってくれます。また、登山の手ほどきやアドバイスをしてもらえるだけでなく、山の見どころや楽しみ方も教えてもらえるでしょう。山を通して、仲間が増えるのも楽しいものですよ。

Check!

身近に登山経験者がいないときは？

TOUR&EVENT

その場で仲間が見つかるかも！

1 ツアーやイベントに参加

旅行会社やアウトドア会社などが企画運営する山登りツアーや山イベントには山好きが集まります。まずは、そういうものに参加してみるのも手。仲間を見つけて新しい知識を得られることも。山歩きは添乗員やガイドが先導してくれます。ヨガ教室などプラスαがあるものも。

初心者向け度 ★★★

山関係のフェスが最近増えています。企画者によって内容はさまざま。

CREW

ちょっとした発見を共有できる楽しさ♪

2 初心者の友達と一緒に

友達を誘って初心者同士で行くのもあり。同じレベルから一緒に成長していく楽しみがあります。お互い初心者なので無理のない山を選んで。山登りを通じて、辛いときは励まし合ったり、自然の中でオープンな気持ちで話せたり、一緒に感動したり……、日常と違った顔が見られることで絆も深まります。

初心者向け度 ★★☆

おしゃべりしながらの道中は楽しいものです。ただし、夢中になりすぎて分岐を見逃さないよう注意！

SINGULARITY

自分のスキルがよくわかる

3 ソロ登山にチャレンジ

それでも一人が好きだったり、団体行動に踏み出せない人は思い切って一人で。自分の好きなときに、好きな山に登れます。 山選びやコース決め、交通手段の手配などすべてを自分でやるので、山の知識やスキル、決断力、観察力、責任感などが鍛えられます。ただし、一人で行くことのリスクも理解して、自分なりに対策を立てて登りましょう。

初心者向け度 ★☆☆

もしはじめて一人で登山するなら、登った経験や土地勘のある山へ。

山登りの
計画と準備
04

登山口へのアクセスをチェック

山までの移動も楽しい時間

Check!

登山口までの主な交通手段

1 車を運転して行く

CAR

メリット 登山口の間近まで行ける、荷物が運べる、時間を気にしなくていい、山の帰りに温泉に行ける、など動きが自由

デメリット 疲れていても運転しなくてはならない、1台で行くと車を置いた場所(登った地点)に戻ってこなくてはならない、飲酒NG、駐車場のない山がある

駐車場が完備されている山も多数。山によってはいくつかある場合も。

山へのアクセスは車か公共交通機関を利用

マイカーやレンタカーなど自分で車を運転して行く方法と、電車やバス、タクシーなどの公共交通機関を使って行く方法、大きく分けて2つがあります。好みで選べますが、それぞれにメリットとデメリットが。たとえば、自分で運転していけば、好きな時間に出発や移動ができますが、そのかわり、疲れた帰りも運転しなくてはなりません。

公共の交通機関は車中で寝られたり、〝お疲れさまの乾杯〟もOK。一方で、電車やバスは運行時刻という制約があります。タクシーは行きはよくても、帰りがうまくつかまらない場合があります。また、登山口付近まで公共の交通機関がなく、車でしか行けない山もあります。

TRAIN&BUS

行く道中でも
期待が高まる！

2 公共交通機関で行く

メリット 車中で体を休められる、決まった時間に目的地に着く

デメリット 運行時刻に合わせなくてはならない、汗や泥で汚れると気が引けてしまうかも

遠くの山に行く場合は、移動中も旅行気分。窓から景色を眺めながら、これから登る山への期待を膨らませましょう。

登山道まで
GO！ GO！

TAXI

3 駅からタクシーで行く

メリット 車中で体を休められる、登山口の間近まで行ける

デメリット 帰りのタクシーの手配が必要、最寄駅と山が離れていると運賃がかかる

タクシーがなかなかつかまえられない地域では、あらかじめ到着時刻に合わせてチャーターしておくのがオススメ。

memo

ロープウェイで山のイイとこどり！

山の高いところまでロープウェイやリフト、ケーブルカーがある山も意外と多いもの。乗ると非日常的なスペシャル感があります。空中からの景色はまるで鳥になった気分。目的の山を眺めたり、麓を見下ろすのは格別です。また、ロープウェイなどを使うと登る負担が減るので、体力に自信がなくても高い山にチャレンジしやすくなります。頂上でゆっくりランチを楽しみたい人には、帰り道にロープウェイを使うのもオススメ。体力に自信のない初心者でも、安心して下山できるのが魅力です。

木々や雄大な景色を見ながら、目的地までひとっ飛び！

山登りの計画と準備

05

ガイドブックでルートをイメージ

コース情報やアクセスをガイドブックで収集

コース上の見どころや危険箇所、登山適期などから「どんな山か」を調べつつ、自分が登るシミュレーションを。体力的・技術的な難易度、所要時間の目安などから「自分のレベルに合う山か」を考え、山までのアクセスも合わせて登山の計画を立てます。山に行くときは必要なページをコピーしたり、スマホで写真を撮るとかさばりません。

Memo

山の歴史や由来を知る

ガイドブックを読んで山の名前のいわれや、逸話、過去のできごとなどを知ると、その山がぐっと身近に感じられます。登山という行為だけでなく、その山に流れる時間や歴史も丸ごと味わってみてください。

Check!

ガイドブックのここをチェック！

WALKTIME

1 コースタイム

まず登山口から下山口までのルートを決めます。いく通りもルートがある場合はそのルートが自分にとって最適か考えて。コースの難易度をもとに行けそうなコースを決めたら、行動時間を確認します。ガイド本の所要時間はあくまで目安なので、はじめは2～3割は多めに見ておくとよいですよ。

和田バス停
↓ 15分
登山口
↓ 1時間10分
山頂
↓ 1時間30分
陣馬登山口
↓ 20分
藤野駅

休憩時間も考えに入れて！

神奈川県・東京都の陣馬山だとこんな感じのスケジュール。バスの時間も調べておこう。

足元をよく見て進んで！

危険箇所がわかっていれば、それに合わせた装備を事前に準備することも可能になります。
（→P72～75参照）

CHALLENGE LEVEL

2 難易度・危険箇所

体力的な難易度は、「歩く距離や標高差の大きさ」で違ってきます。技術的な難易度は、「危険な場所の有無、登山道のわかりやすさ」などで変わり、求められるスキルが違ってきます。それぞれ自身の体力やスキルに見合ったコースを選択することが大切。そのうえでコース上の危険箇所はどこか、どんな準備が必要かをイメージしましょう。

SEASONAL

3 季節の情報・登山適期

ガイドブックには、花や紅葉の見られる季節、野生動物が観察できる季節などが書かれているので参考に。登山適期は、その山に快適に登れる季節ですが、適期をはずれても四季それぞれに楽しみ方や見どころはあるものです。例年の雨や雪、気温など気象情報にも目を配りましょう。

その季節の自然を目当てに

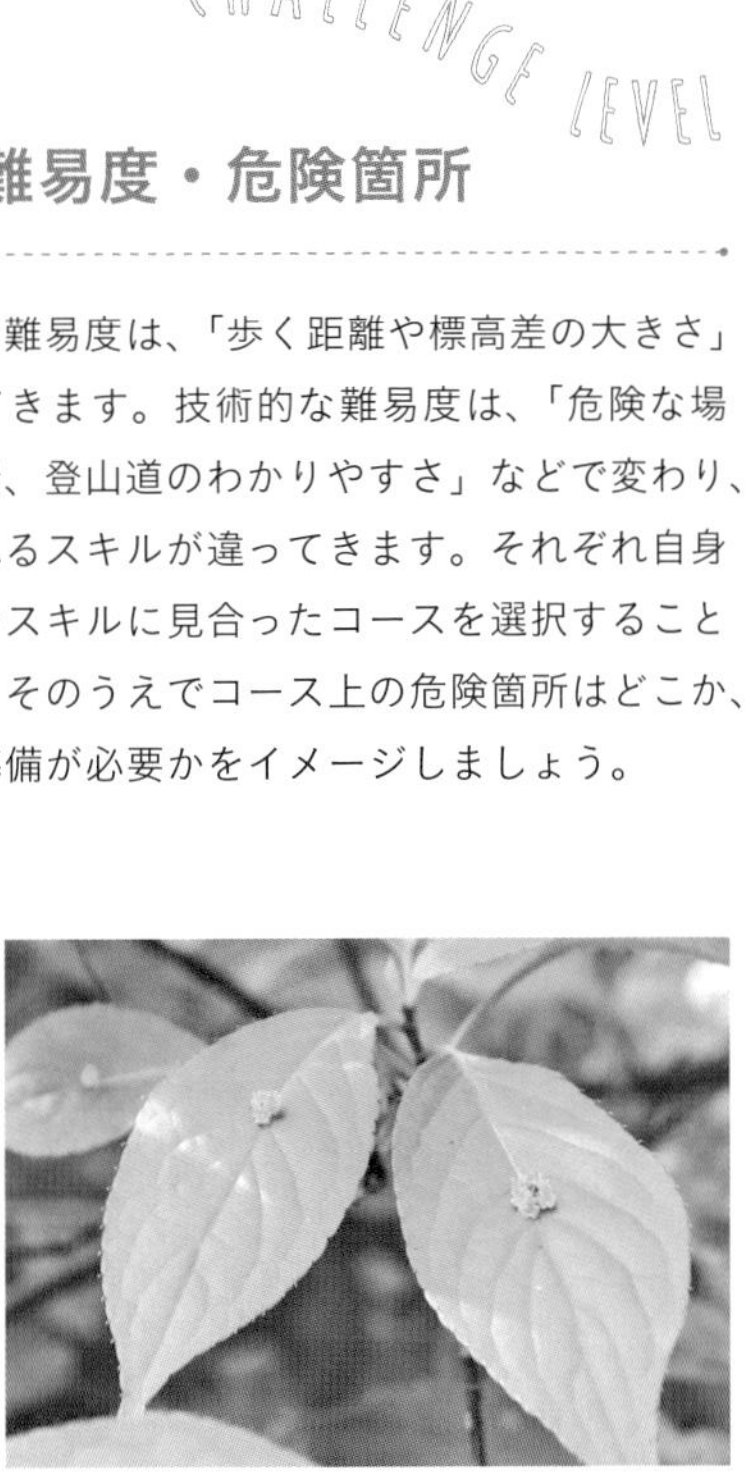

登る時期によって山はその魅力を大きく変えます。その季節にしか見られない植物に出合うことも。

ルートとコースタイムの計画

登山計画書を書こう

登山計画書は遭難やケガをしたときにあなたを助けます。登山口などで警察に提出するのはもちろん、家族や友人、職場など、あなたの非常事態に気づいてくれる人にも渡しておいて。

長野県標準様式

登 山 計 画 書 Trekking Itinerary

長野県知事 Nagano Prefecture Governor 殿

令和5年 Year 7月 Month 10日 Date

長野県登山安全条例第21条第１項の規定により、下記のとおり届け出ます。

住所 Address 長野県長野市南長野字幅下692-2

氏名 Name 長野 太郎

目的山域 Destination ☑北アルプス Northern Alps □中央アルプス Central Alps □南アルプス Southern Alps □八ヶ岳 / 奥秩父 Yatsugatake/Oku Chichibu □その他山域 Other areas

主な山岳の名称 Mountain name(s)	燕岳

氏名 Name	性別 Sex	年齢 Age	住所 Address ／ 自宅電話番号 Phone、携帯電話番号 Mobilephone	緊急連絡先 Emergency Contact	山岳保険加入 insurance
リーダー Leader 長野 太郎	男・女 M / F	60	長野県長野市南長野字幅下692-2 (自宅) Phone 026-235-0000 (携帯) Mobile 080-000-0000	氏名 Name 長野 次郎 電話番号 Phone 090-000-0000	有・無 Y / N
長野 花子	男・女 M / F	55	同上 (自宅) Phone 026-235-0000 (携帯) Mobile 080-000-0000	氏名 Name 長野 次郎 電話番号 Phone 090-000-0000	有・無 Y / N
	男・女 M / F		(自宅) Phone (携帯) Mobile	氏名 Name 電話番号 Phone	有・無 Y / N
	男・女 M / F		(自宅) Phone (携帯) Mobile	氏名 Name 電話番号 Phone	有・無 Y / N

所属山岳団体名 Affiliate group	無し	電話番号 Phone	

入山日 Trip Dates From 7 月 Month 23 日 Date　下山予定日 To 7 月 Month 24 日 Date　パーティー人数 No. in party 2 人 persons

月 日 Date	行 動 予 定 (詳細な予定を記入してください。) Schedule (in detail)	宿泊地(山小屋・テント場) Accommodation
7月23日	自宅5:00~7:00燕岳登山口~9:00第二ベンチ~10:30合戦小屋	
	~12:00燕山荘13:00~13:30燕岳山頂~14:30燕山荘	燕山荘
7月24日	燕山荘4:00~4:30燕岳山頂~5:30燕山荘	
	燕山荘7:00~8:00合戦小屋~9:00第二ベンチ~11:00燕岳登山口	
エスケープルート等 Escape route	エスケープルートなし 非常時の行動：合戦小屋や燕山荘で情報収集・相談・待機	

装備品〔□にレ点〕※これだけあれば大丈夫だというリストではありません。 This is not an exhaustive list of equipment.
Gear （○必需品 ＊コロナ対策必需品 ●積雪がある登山などの必要品） (○necessary gear ＊for COVID-19 measures ●for snow/winter)

☑レインウェア Rainwear	○	☑ヘッドランプ・予備バッテリー Headlamp・Spare battery	○	☑行動食・サプリメント Trail snacks・Supplements	○	☑登山計画書(控) Trekking Itinerary (copy)	○
☑防寒着 Jacket	○	☑携帯電話・予備バッテリー Mobilephone・Spare battery	○	☑非常食 Emergency rations	○	□ヘルメット Helmet	○
☑地図 Map	○	☑食料(1 日分) Food(For days)	○	☑救急用品・常備薬 First aid articles・Household medicine	○	□アイゼン Crampons	●
□コンパス Compass	○	☑飲料水(2 リットル) Drinking water(ℓ)	○	☑ツェルト サバイバルシート Emergency tent	○	□ピッケル Iceaxe	●
☑マスク Mask	＊	☑消毒液 Antiseptic solution	＊	☑寝袋 Sleeping bag	＊	☑体温計 Thermometer	＊

その他の装備品 Other Gear

【注意】□登山計画書に関する個人情報は、山岳遭難発生時の救助・捜索活動のために利用します。
Personal information included in this hiking itinerary will be used to assist in search and rescue in case of emergency.
□登山計画書は、地区山岳遭難防止対策協会等の民間の方々の御協力により回収しています。
These itineraries are collected in cooperation with area Mountain Rescue Associations
□山岳遭難発生等により救助・捜索活動を行った場合、経費を本人、ご家族、同行者等に請求する場合があります。
In the event of a mountain accident where search and rescue operations are performed the cost of said operations may be billed to the victim their family or travel companions

※登山計画書のひな形
https://www.pref.nagano.lg.jp/kankoki/smartphone/tozankeikakusho.html

参加者の情報

名前や住所、年齢、性別、連絡先など、登山に参加するメンバーそれぞれについて情報を書きます。

行動予定

登山ルート（登山口、目的の山、経由する山、下山口）や、登山日数、入山予定日、宿泊地、下山予定日時を書きます。

非常時の対策

非常時とは、予定時間を大きく超える、突然の荒天・負傷、想定以上の積雪などのこと。予定変更時の緊急下山ルートや山小屋、食料の数量などを書き込みます。

余裕のある時間設定で安全、快適な計画を

無理のないコースが設定できたら、コースタイムを計算。コース全体をどれくらいの時間で歩けるかシミュレーションします。歩くスピードは人によって違い、ガイドブックなどに書いてあるものは、あくまでも目安。参考程度に考えて、余裕を持たせて計画しましょう。

出発時間は下山時間から逆算して決めます。また、万が一のためのエスケープルート（逃げ道）があるかも確認しておきます。登山に際しては、必ず登山計画書を書いたうえで、山を管轄する警察署に提出。登山口や麓の駅に提出箱が置かれている場合はそこへ入れます。近年は「コンパス」などインターネットで提出できるシステムが主流です。

コンパス https://www.mt-compass.com/

失敗しない計画の立て方は?

事前にしっかり
地図を確認!

CLIMBING ROUTE

1 ルートの状況を調べる

いくつかあるルートのうち、実際に登れるルートを登山地図などで確認します。体力、技術度、季節などを考慮して。分かれ道など迷う危険があると思うところは、事前に目印などを調べて頭に入れておきましょう。休憩場所や雨宿りができそうな場所なども調べられるとベター。

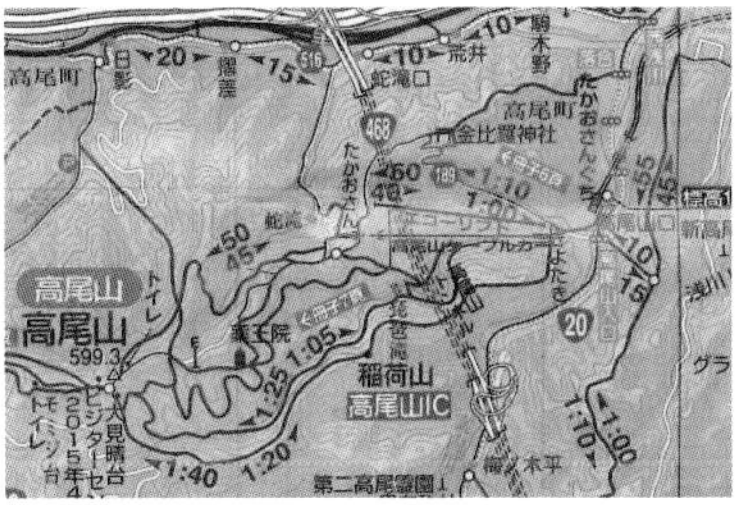

『山と高原地図 高尾・陣馬 2015年版』/昭文社

地図を読むことが苦手な人は、より入念にチェックすること。登りながらも何度も確認を。

時計を見る
クセをつけよう

思ったより進むのが遅く、日が暮れそうと判断したなら、速やかに下山するなど柔軟に対応して。

TIME MANAGEMENT

2 下山時間から逆算する

下山時間から逆算すれば、登山開始時間はおのずと決まります。11 時頃には頂上に着き、15 時に下山することを目安としましょう。山小屋に泊まる場合も 15 時には到着するように。歩く速さは体力、荷物の重さ、道の歩きやすさなどで変わってきます。休憩時間もちゃんと計算に入れること。

ESCAPE POSITION

分岐点では
正しい判断を

3 エスケープルートを知る

計画したルートより短い時間で下ることができるルートがあるか調べておきます。天候が悪化したり、体調が悪くなったりしたときに早く下山するためです。ただし、ショートカットのルートは、マイナーで歩いている人が少なく、かえって歩きづらい場合があるので気をつけて。

慣れない道をショートカットするよりは、もと来た道を引き返すほうが安全で早い場合もあります。

山登りの
計画と準備

07

山の天気を勉強しよう

突然の気象変化が
あることを考えに入れて

平地と山では気象がかなり違う

山で雨や風に遭うと、街の中よりダメージが大きくなります。登山中は傘をさせず、逃げ場も少ないため、ダイレクトに風雨を受けるからです。

標高が100m上がるごとに気温は約0.6℃下がります。1000m級の山頂では、平地より6℃も冷えるということ。また、風速1mの風が吹くと、体感温度は1℃下がります。雨で体が濡れれば、さらに体温が奪われます。風雨時は足元や視界が悪くなり、安全を確保するのにも体力を消耗してしまうのです。

山の天気がどうなるかは、気象予報士でも100％当てることは難しいものです。いつ雨風に遭っても大丈夫なように、心構えと装備を持って出かけましょう。

Check!

天気の変化を感じるコツ

雨のときは足元も滑りやすく危険

霧が出始めたら要注意。レイングッズは濡れる前に身につけたいので、いつでも出せるよう準備。

WEATHER CHANGE

1 山の天気は変わりやすいのが前提

山では突然の雨やゲリラ豪雨が、街中よりもひんぱんに起こります。それは平地で温められた空気が山の斜面にぶつかって上昇し、山の上空で冷却されると雲ができ、上昇気流が強いと積乱雲となって大雨を降らせるから。高い山では一瞬にして天気がガラッと変わってしまうことも。

WEATHER CONDITION

スマホのアプリも活用！

スマホにも雲の動きや天気を予想してくれるアプリがたくさん出ています。

2 体で天気を読み取る

慣れると空の色や風の匂い、空気の生暖かさなどで天気の変化を察知できるようになります。感覚を磨くために普段から空を観察し、体験的に覚えていきましょう。天気予報では天気マークや降水確率を見る以外に、予報士の話も聞いて。「大気の状態が不安定」「局地的に大雨」といったときは、山で雨になる可能性が大です。

雷が落ちると大変なことに！

HAVE RAIN

高山の尾根は逃げ場もなく危険。高い木の側にいる場合は、速やかに離れましょう。

3 雨具はすぐ取り出せるように雷がきたら姿勢を低く

天候が崩れる気配があるときは、判断を早めに。特に雷には注意！　山は建物などの逃げ場が少ないので危険です。最新の気象情報をチェックし、避難小屋などの逃げ場所を事前に確認しておきます。逃げ場がなければ、周囲より一段低くなっている場所を探し、姿勢を低く保って。

マナーを守って気持ちよく

山でのルールを学ぼう

1 まずはゴミを出さない＆持ち帰ること！

知らないうちに出るゴミに注意

岩場などでかがんだ拍子にザックからペットボトルが落ちたり、風でビニールが飛ばされたりすることも。気づいたら他人のゴミでも拾いましょう。

ゴミになりそうなものは事前に取り除く

携帯食や薬などの外箱は家で外しておく、お菓子は必要なだけ小分けにして持っていくなどゴミ減量の工夫を。

Chiho's Advice

お菓子などはファスナー付きビニール袋に詰め替えを。山小屋などでも、音を立てずに開けられます。レジ袋などをガサガサする音って意外とうるさいもの。

優良登山者は自然と人を思いやる

山は人間だけのものでなく、もともとほかの生き物の棲む場所でもあります。自然を傷つけたり、ゴミを置いて帰ったりすることのないように気をつけたいものです。

山に入るときは、ゴミになりそうなものはなるべく持ち込まないように。そして、自分で出したゴミは自分で持ち帰るのが原則です。「人が落としたゴミでも、見つけたら拾って帰る」を心がければ、山にゴミが増えていくことも抑えられるでしょう。

また、山で人と会ったらあいさつを交わす、道を譲り合うなども大切。「みんなが気持ちよく山で過ごすために、自分に何ができるか」を考えて行動しましょう。

GREETING

2 登山者に会ったら あいさつをしよう

「こんにちは」「どちらからですか？」などあいさつを交わすと気分がいいものです。下りてくる人に「山頂の景色はどうでしたか？」など訊ねると、いろいろ情報がもらえることも。また、声をかけ合うことでどんな人がいたかを互いに覚えていられるので、万が一のときの情報源になります。

お互いに
声をかけ合って

細い道ですれ違うときは道を譲り合って。お互いに気遣いしながら、気持ちよく過ごしましょう。

山側を背にして
待ちましょう

先を急いでいたとしても、マナーは守ってゆっくり待ちます。焦っても何もいいことはありません。

FIRST UP

3 基本は「登り優先」 臨機応変に判断！

山では登りが辛い、下りのほうが登ってくる人に気づきやすいなどの理由で、登る人が優先です。ただ、これはあくまで基本で、絶対のルールではありません。臨機応変に、より安全な立場の人が譲るようにします。待つときは、通り過ぎる人にザックが引っかからないよう山側を背にします。

NATURAL CONSERVATION

4 自然保護を心がける

山中の花や野草などを摘んではいけません。野生動物への餌やりも禁止です。知らずにやってしまいがちなことに、道を譲るときに脇の花を踏んでしまうなどがあります。また、ストックの先端（石突き）で土を掘り起こさないように、雪面や岩場以外ではなるべくゴムキャップをつけましょう。

美しい自然を
守るのも重要！

山でしか見られない花を見かけたら、ぜひ写真に残したいもの。思い出や記録づくりに役立てて。

地図が読めれば一人前

山で使う地図の種類

『山と高原地図 高尾・陣馬2015年版』／昭文社

❶ 登山地図

地形図を登山用にアレンジして作られた地図。主要な山の一般コースが示されています。

メリット 登山の際に必要な情報が書かれていてわかりやすい

デメリット 主要山岳以外の山は販売されていない

❷ コース案内図

登山口や山を管理する団体のホームページには、登山コース図があることも。

メリット 全体像を把握しやすい。ポイントとなる施設などを確認しやすい

デメリット 地形や道の状況がわからない。危険箇所を把握しにくい

高尾山登山コース／高尾登山電鉄公式サイトより

❸ 地形図

国土地理院が出している2万5000分の1（または5万分の1）地形図。正確な測量によって作られています。

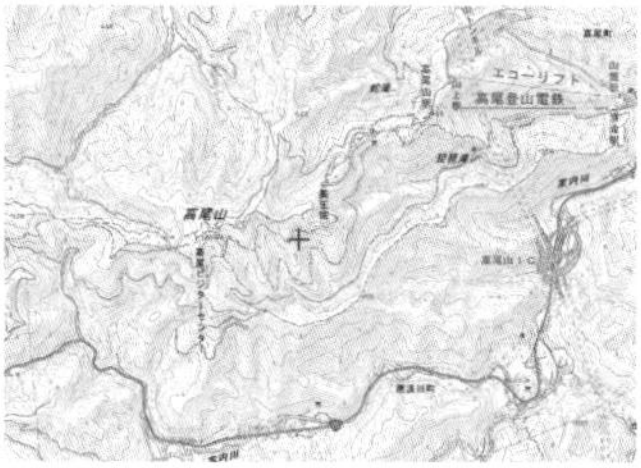

国土地理院 電子地形図（タイル）

メリット 登山地図に比べて山の起伏や形状などが詳しくわかる

デメリット 読み取ったり、活用したりするのに訓練が必要

初心者は登山地図からマスター

街より目印が少ない山では現在地を把握し、道迷いを防ぐために地図がとても重要です。

登山で使う地図には、主に登山地図と地形図があります。地形図は慣れないと使いこなすのが難しいので、初心者はまず登山地図を知ることから始めましょう。メジャーな山に行くなら、登山地図さえ読めればまず大丈夫です。登山地図を読むには、地図記号を知ること、現在地がわかること、等高線を読むことが必要。たとえば、等高線は線と線の間が広いと傾斜が緩やかで、狭いときつくなります。

登山地図に慣れてきたら、地形図も併せて見て。地形の確認がより正確にできます。

登山地図のここを見る！

SEE CLEARLY

全体を見て
コースを決定！

1 歩くコースをチェック

『山と高原地図』（昭文社）では、一般的な登山道が赤い実線で目立つように書かれています。また、各地点から目的の地点までのおおよその所要時間が書かれているので、コースタイムを計算するのにも役立ちます。赤い点線は「破線ルート」と呼ばれ、わかりづらい道や廃道など、難易度が高いので注意が必要です。

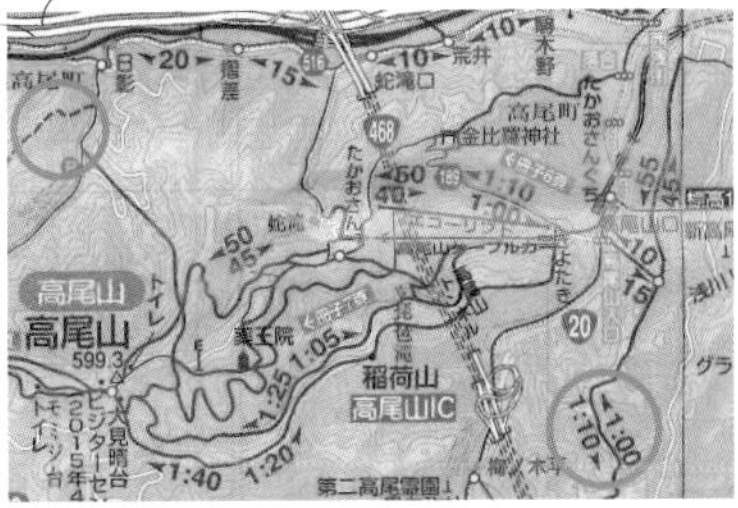

『山と高原地図 高尾・陣馬2015年版』／昭文社
登山地図だけでは、山の地形がわかりづらいことも。できれば地形図と合わせて確認を。

LANDMARK

トイレの場所も
チェックして

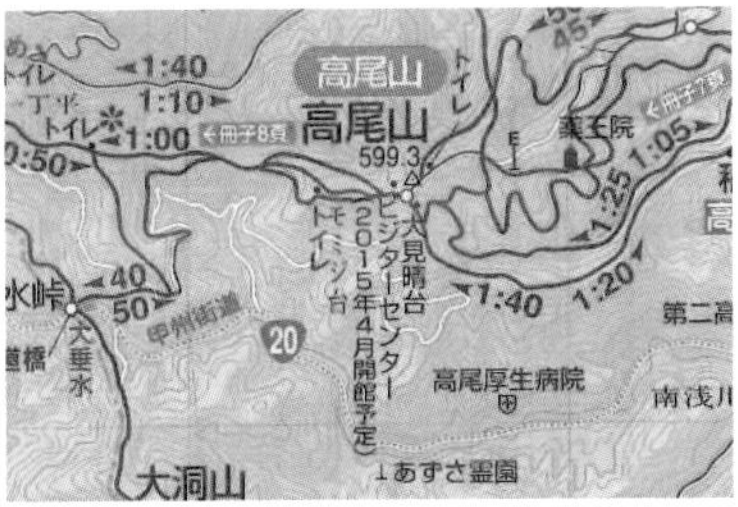

『山と高原地図 高尾・陣馬2015年版』／昭文社
どこにトイレがあるか、計画段階からチェックしておくと、登山中も安心です。

2 地名や目印をチェック

峠や川の名前、地名、施設（山小屋や避難小屋、あずまや、水場、トイレなど）が記されています。眺望のいい場所や花畑なども明記されているので、コースを選ぶときの参考にしましょう。また、温泉やバスルート、バス停など登山に付随する情報も役に立ちます。中には山頂からの展望図がついている地図もあります。

CARE

赤い文字に
必ず注目！

3 コースの注意点をチェック

危険箇所や迷いやすい箇所、迂回路、「ガレ場（石や岩で歩きにくい斜面）」「6月まで残雪あり」などの情報も書かれています。山では一つ道を間違えると、遭難する危険が急に高まります。ベテランと行く場合でも他人まかせにせず、注意点は自分で確認しておきましょう。

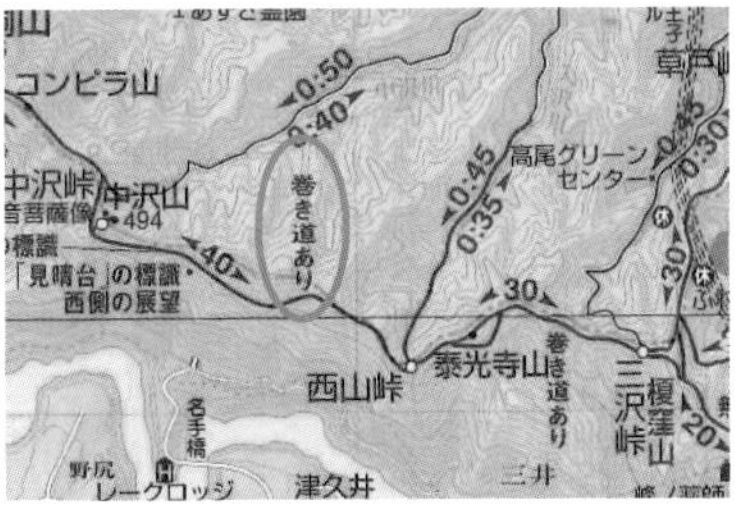

『山と高原地図 高尾・陣馬2015年版』／昭文社
地図はこまめにチェックしながら進みます。「巻き道」とは傾斜の少ない迂回路のことです。

Column 1

自分の位置を知るためには

もし山で道に迷ったり、道が合っているか心配になったときは自分が今どこにいるかをすぐに確認します。現在地を知るには、まず今いる場所から見える景色を確かめます。そして、地図とコンパスを使って向こうに見える山がどの山かを確認します。

天気が悪くて景色が見えないときは、コンパスが役に立ちます。たとえば山頂が曇っていて景色が見えず、どの方向に下りていけばいいか迷ったら、コンパスが指す方角と地図の方角を合わせます。すると、進むべき方向がわかり、下山ルートが見つかります。

ピンチのときにいざコンパスを使おうとしても使えないので、読図の専門書や講習会で勉強し、山に行ったら、地図とコンパスを照らし合わせて方向を確認する練習をしておくとよいでしょう。

登山前に
試してみよう！

※山の名前がわかるスマホのアプリもあります。

Part

2

山ウェアと山道具

山登りには何を着て、何を持っていたらいいのか？　機能性、安全性、利便性に加えて、おしゃれなアイテムを見つけましょう。

ウェアも最近は機能的なものがいっぱい揃ってるわよね
はい〜
しかもかわいい！
学生の頃の私に教えてあげたい…
スウェットのパーカー
フツーのスニーカー
ジーンズ
スウェットのパーカー着てったら暑いのなんの
でも脱げないし
フゥ
アハハ
しかも途中で雨が降って…
ザー
ザー
2枚
45ℓ
ガサガサ
ガサ
友達がもってたゴミ袋をかぶって下山
…
レインコートは「登山三種の神器」のひとつ次からは持っていこうね！
ハイッ

ここはザック売り場ね
このくらいの大きさがいっぱい入って安心かな
どっこいしょ
フウコちゃん それ2泊3日ぐらいの荷物が入るザックなんだけど
でも もしものときの着替えと もしものときの非常食、クスリ、レインコート…
あと あと
山は何があるかわからない
あっ
でも そんなにたくさん荷物持ってったら重くて登るの大変になっちゃうよ～
日帰りならこの大きさで十分
コツさえ知っていれば荷物もコンパクトにまとめられるようになるから大丈夫よ！
ハーイ

山登りを思い立ったらこの道具

まず揃えたい3つのアイテム

❶ ザック(バックパック)
1万円くらい〜

背負いやすく疲れにくいことが重要。太く安定感のあるハーネスやウエストベルト、がっちりした形と大きなサイズ、軽量で耐久性がある、背面がメッシュのものは通気性がいい、ポケットが多いものは便利など、それぞれの特長や違いをチェック。

➳詳しくはP38

❷ 登山靴
1万5,000円くらい〜

足場の悪い道でも歩きやすく疲れにくく、ケガをしにくいよう設計されています。一般に防水透湿素材が内部に使用されています。靴は一人ひとり合うものが違い、人に借りるのが難しいため、登山をするにあたっては最優先で用意したいもの。

➳詳しくはP40

❸ レインウェア
2万円くらい〜

登山用レインウェアは防水性・透湿性に優れています。レインウェア内に汗がこもると蒸れて不快なだけでなく体を冷やして、体力の消耗や低体温症につながるため、透湿性も重要。風よけにもなり、防寒具としても使えます。

➳詳しくはP42

機能性を重視して購入しよう。初心者はレンタルの選択もあり

登山の道具はできれば一式揃えたいもの。登山専用グッズは、軽さや保温性、温度調節機能などがバツグンで、快適で安全に山登りができます。購入はアウトドアや登山の専門店で。品揃えがいいし、お店の人にアドバイスをもらえるので、自分に合ったものが選べます。

一度に一式すべてを購入するのはお財布が厳しい……という場合は、お店でのレンタルや、知り合いに借りるという手もあります。まずはレンタルで自分に合うかどうか試してみて、納得したものを購入するというやり方もできるでしょう。

ランニング用のウェア、タイツなどは登山用と機能が似ているので、併用できることもあります。

※商品価格は目安です。

次に揃えたい基本アイテム

③ ヘッドランプ
3,500円くらい〜

頭につけるライトは、歩行中にも両手が使えて安全です。山は早く日が暮れるため、日帰り登山でも念のため用意して。

② ザックカバー
2,000円くらい〜

ザックの中身を雨で濡らさないため、すっぽりと全体を覆うカバーです。ザックの大きさに合わせて選びます。

① シャツ
5,000円くらい〜

汗をよく吸い、早く乾く素材が使われています。抗菌・防臭効果のある繊維を使用したものは、暑くても快適に過ごせます。

⑥ パンツ
7,000円くらい〜

伸縮性がある、軽い素材が使われています。山歩きはケガや虫さされ防止のため長ズボンやタイツ着用が基本です。

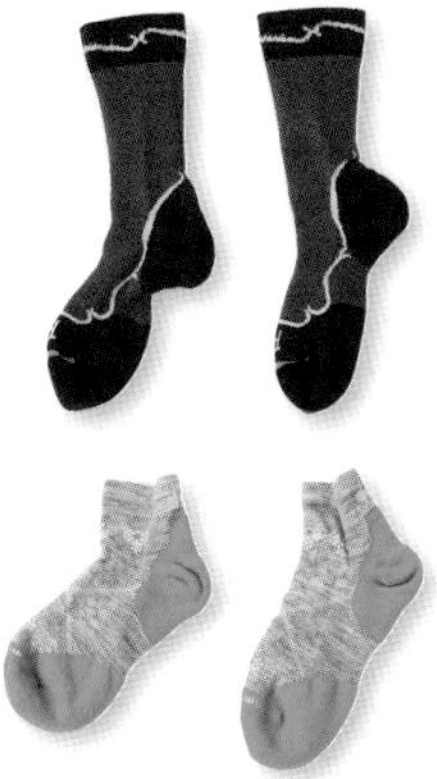

⑤ ソックス
1,000円くらい〜

パイル地で厚く、保温性とクッション性に優れます。疲れにくく、汗をよく吸うので普通の靴下より断然おすすめ。

④ ゲイター（スパッツ）
3,000円くらい〜

雨が足首から靴の中に入るのを防ぎます。ぬかるみでの泥よけや、砂利道で小石が靴に入るのも防げるので便利。

商品提供：LaLaさかいや（さかいやスポーツ）

必ず持っていきたい小物

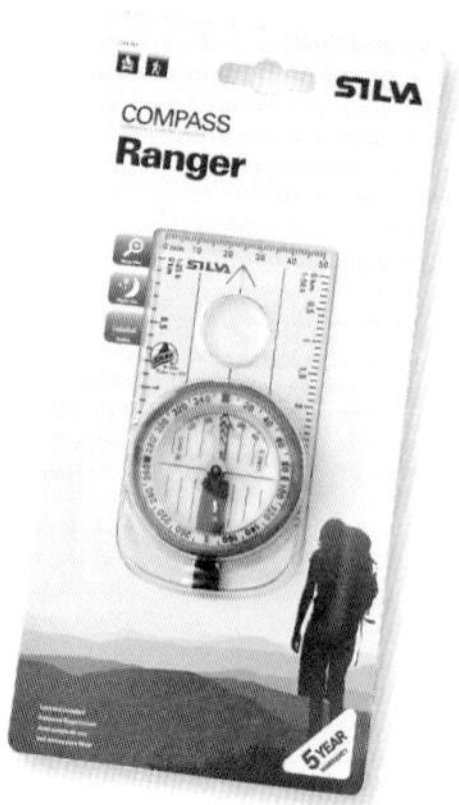

❶ コンパス

3,000円くらい〜

使い方を覚えて地図とセットで携行して。オリエンテーリング用のものが小型で精密です。

❷ 水筒・保温ポット

1,000円くらい〜

軽くて丈夫なプラスチック製、保温力のあるステンレスポット、飲めば体積が小さくなるビニール製などいろいろ。

❸ タオル

1,000円くらい〜

コンパクトで吸水・速乾性に優れたものがいろいろあります。フック付きでザックなどにぶら下げられるものも。

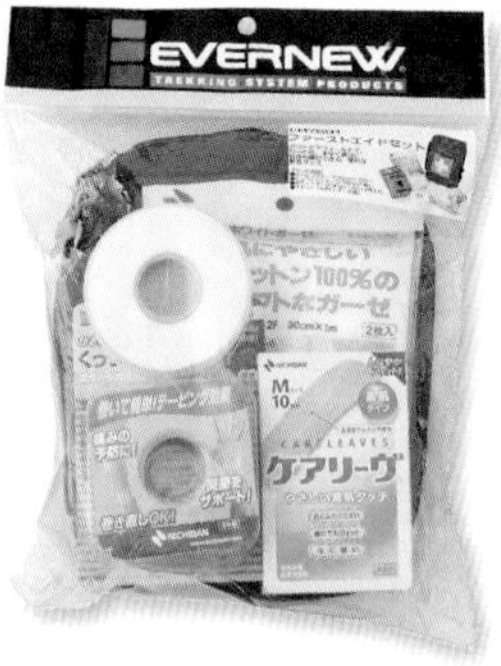

❹ 救急セット

3,000円くらい〜

絆創膏、アルコール消毒綿、ガーゼ、サージカルテープ、湿布薬、テーピング、鎮痛薬などをポーチに入れて。

❺ エマージェンシーシート（保温シート）

1,000円くらい〜

遭難時などに体に巻きつけて使う超薄手のシート。かさばらず価格も手ごろなので、万一に備えて持参しましょう。

❻ 携帯電話・スマートフォン

緊急時の連絡用として。スマホならGPS代わりに。近年は携帯電波が届く山も増えています。

あると便利なもの

CLIMBING TOOLS

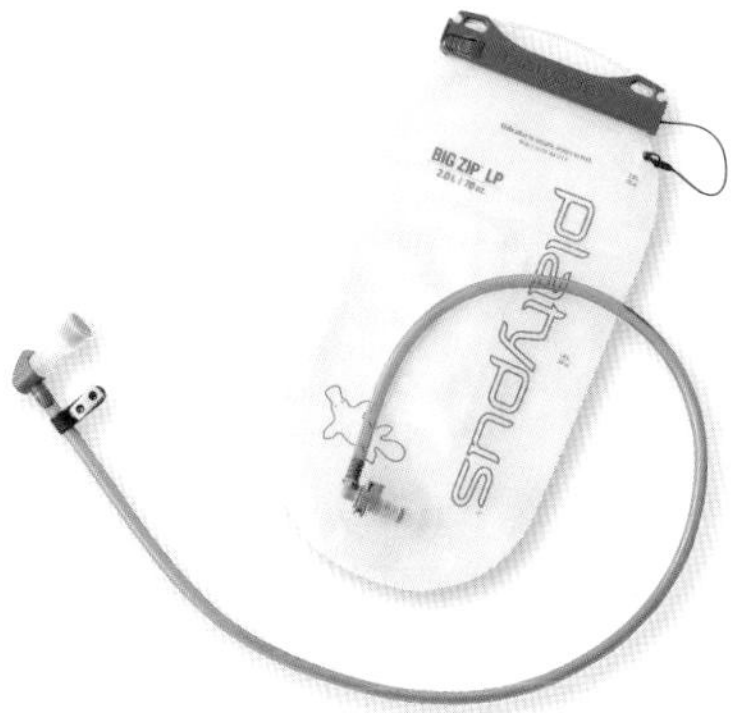

1 ハイドレーションシステム

4,000円くらい～

チューブ付きの袋状の水筒。チューブをザックから出しておけば、ザックを背負ったまま飲めます。

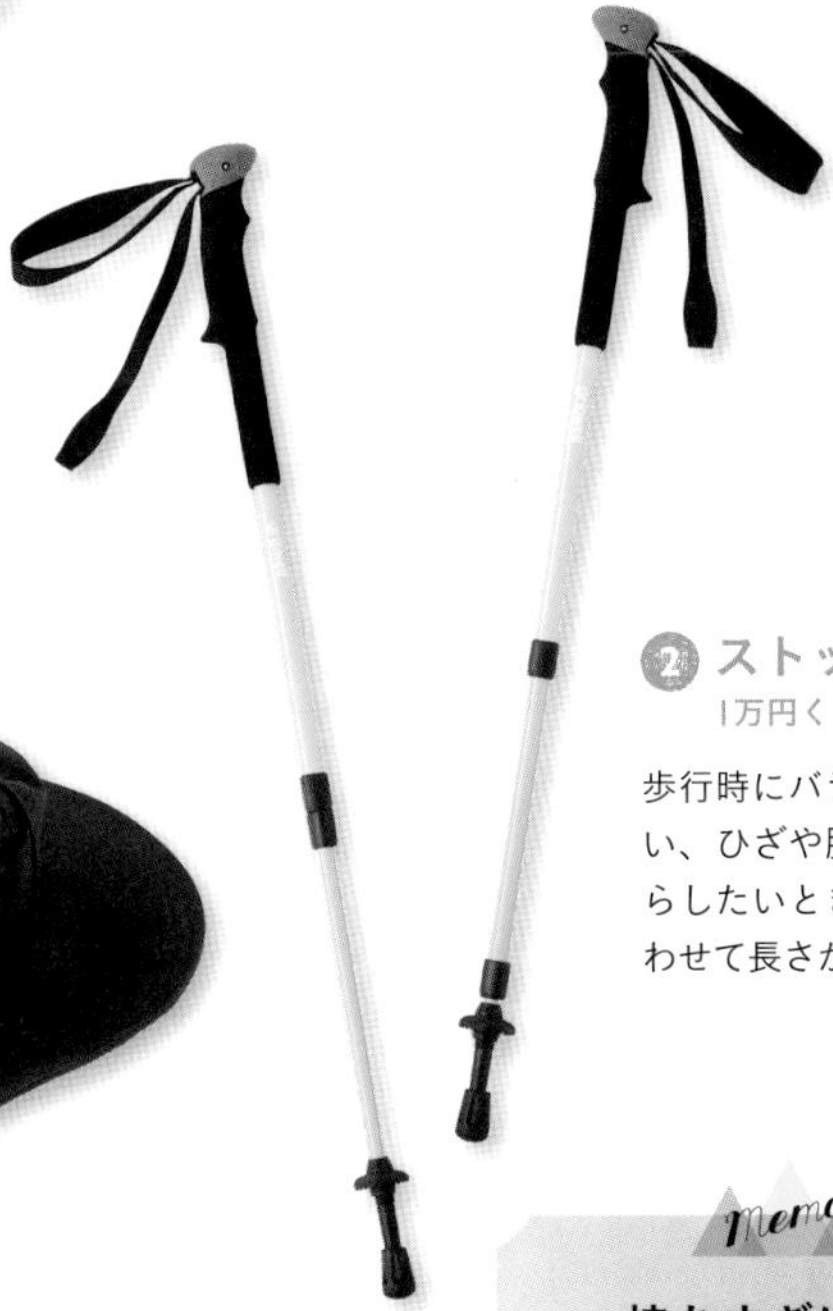

2 ストック

1万円くらい～

歩行時にバランスを保ちたい、ひざや腰への負担を減らしたいときに。体格に合わせて長さが調節できます。

3 帽子

3,000円くらい～

日よけ、頭部のケガ防止になります。防水性のあるものは雨よけにも。日よけ目的ではキャップよりハットが○。

4 グローブ

2,500円くらい～

岩場や鎖場などで手を保護してくれます。冬は防寒用として厚手のもの、夏は日焼け防止に薄手のものを。

Memo

持ちすぎはNG

「寒かったらどうしよう」「おなかが減ったら困るな」と心配して荷物が多くなりがち。大きいザックだと、つい入れすぎることも。荷物が多いとその分、歩くのに負担になります。パッキング時に「本当にこれは必要かな？」と一度考えて。

商品提供：LaLaさかいや（さかいやスポーツ）

日帰り登山にプラスするもの

山小屋に泊まる場合

❶ 替えのウェア

一日歩いて汗や土で汚れたり、雨で濡れたりするので着替えがあったほうが気持ちよく過ごせます。絶対に濡れないよう、防水スタッフバッグに入れて持っていきます。

❷ 替えの下着

靴下やショーツなどを持っていきます。登山用のものは乾きやすいです。着替えができないときは、ショーツにパンティーライナーを付けておくと汚れを防げます。

❸ アメニティー

山小屋では、基本的にお風呂やシャワーは備えていません。水もジャバジャバ使えないので、汗ふき用ボディシートや洗顔・メイク落としシートがあると便利。

❹ ゆったりグッズ

温かくなるアイマスク、耳栓、美容パック、タオル、マフラーなどがあると便利です。

Memo

いつかはテント泊も

テント泊はテントやシュラフ、マット、調理具など荷物が増えます。それらを使いこなさなければならず、初心者にはハードルが高いかも？　でも、テント泊は楽しい！　できることを目標に少しずつステップアップを。

山小屋には売店もあり。パジャマは翌日のウェアで

山で寝泊まりするときは、着替えやアメニティーなど宿泊用のアイテムを持っていきます。翌日のために体力をチャージしたいので、熟睡できるよう耳栓やリラックスグッズがあるといいかも。パジャマを持っていくと荷物が増えてしまうので、基本的には使いません。翌日のウェアなどに着替えて寝ます。

山小屋に売店があれば、水や食料、生理用品など最低限のものは手に入ります。そのためにも宿泊費とプラスαの現金を持って。

また、行く山によって必要なものが違うことがよくあります。一回の山登りごとに必要なものを書き出し、チェックリストを作ると忘れ物防止になります。

持ちものチェックリスト

◎…必要なもの　○…場合によっては必要なもの　△…あるとよいもの

日帰り

	アイテム名	重要度
	登山靴	◎
	ザック	◎
	ザックカバー	○
	ヘッドランプ（予備電池も）	◎
	レインウェア	◎
	ゲイター（スパッツ）	○
	折りたたみ傘	△
	地図	◎
	コンパス	◎
	腕時計	◎
	飲料水	◎
	行動食	◎
	非常食	◎
	日焼け止め	○
	ティッシュペーパー	◎
	救急セット	◎
	ゴミ袋	◎
	タオル	◎

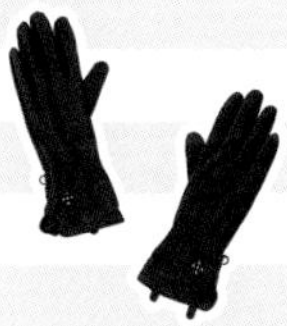

	アイテム名	重要度
	ライター	○
	エマージェンシーシート（保温シート）	◎
	登山計画書	◎
	携帯電話／スマートフォン	◎
	健康保険証（コピー）	◎
	カメラ	△
	帽子	○
	防寒着	◎
	グローブ	○
	ストック	○
	ウエストポーチ	△
	モバイル充電器	○
	サングラス	○
	タイツ／サポーター	△
	多機能ナイフ	○
	リペアキット（糸、針、補修テープ）	○
	メモ帳・ペン	○

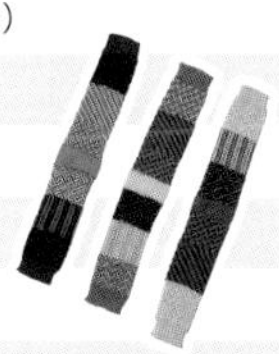

山小屋泊

	アイテム名	重要度
	歯ブラシ類	○
	ボディシート	○
	着替え	○
	防水バッグ	△
	耳栓	△
	カトラリー	△
	アメニティー	△

テント泊

	アイテム名	重要度
	テント	◎
	寝袋	◎
	シュラフカバー	○
	個人マット	○
	サンダル	△
	クッカー（コッヘル）	◎
	ストーブ	◎
	燃料（予備も）	◎
	テントマット	◎
	ランタン	○
	食料	◎

商品提供：LaLaさかいや（さかいやスポーツ）

マイザックを選ぼう

行程に合わせて容量を考える

❶ 日帰りなら

20〜30ℓ

小さいものは10ℓくらいからありますが、20〜30ℓのタイプが使いやすいです。日帰り登山でも大きすぎず、山小屋で1泊くらいの荷物ならパッキングすることができます。

❷ 山小屋泊なら

日帰りより着替えやアメニティーなどの荷物が増えることを考慮すると、35ℓ前後のサイズが適正です。山小屋で1〜2泊するくらいの荷物は、これでたいてい収まります。

30〜40ℓ

50ℓ〜

❸ テント泊なら

自分でテントや寝袋、食料、マットなどを運ばなければならないので、50ℓ以上の大型ザックになります。超大型では90ℓ以上のものも。山登りの日程や目的、時季に合わせて選びます。

登山プランに合わせてサイズを替える

ザックは大きすぎず小さすぎずの適正サイズのものを。大きすぎると荷物を詰め込みすぎてしまうし、小さすぎると必要なものが持っていけません。日帰りで行くのか、山小屋で1泊か、テントで何泊もするのかで、必要となるザックの容量は異なります。上に目安を示しましたので参考にしてください。

ザックの構造にもいろいろあって、たとえば上下でスペースが仕切られているもの（2気室）と、仕切りのないものがあります。前者は底のものが取り出しやすい利点があり、後者は仕切りのない分、たくさん入る利点があります。背負ってみたりファスナーを開けてみたりして、自分が使いやすい形を選びましょう。

機能と見た目でセレクト！

GIRLS WEAR

1 ウェアと合わせる

女性専用の登山用品がいろいろと売り出され、ファッション性も高くなっています。ウェアとザックの色合わせを考えたり、色やデザインで自分らしさを表現したり、楽しみ方は無限大。いろんなお店を見て、「これ」というものに出合って！

ハットや靴下と
コーディネート

かわいいものやおしゃれなウェアを身につけていると、やっぱりテンションが上がりますよね。

JUST SIZE

2 自分のサイズに合わせる

似たようなタイプのザックをお店の人にいくつか出してもらい、実際に背負ってみます。自分の背中とザックの背面の丈が合っているか、フィット感はどうか、ハーネスの長さや位置がちょうどよいかなどを試します。小柄な女性はユニセックスのものだと大きすぎる場合があるので注意。

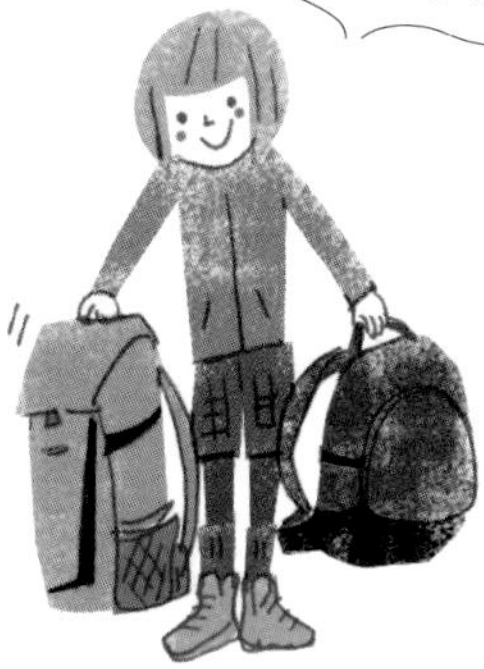
大きすぎると
体に負担が……

ザックが大きいと、ザック自体も重くなります。また、バランスが取りにくくなってしまうことも。

DURABLE

3 軽さか、耐久性か？

重い荷物を入れて持ち歩くこと、雨風や強い日射しにさらされること、長く使うことを考えると、やっぱり耐久性は大事です。軽量重視のものはその分、耐久性が弱いこともあるので、軽さを取るか、耐久性を取るかはよく考えて。ファスナー、留め具が使いやすいかもチェックしましょう。

ファスナー部分が
壊れやすい！

何度も開け閉めするファスナー部分や留め具などが使いやすいかは念入りにチェック。

商品提供：LaLaさかいや（さかいやスポーツ）

登山靴を揃えて安全・快適!

Check!

いろいろな登山靴

SOFT SOLE

1 トレッキングシューズ

荷物の少ない低山や岩場の少ない山に向いています。ハイカットと呼ばれる足首まであるものが、ねんざ予防にもなり、おすすめ。色やデザインが豊富なので、ウェアと合わせたり、バリエーションを揃えるなどファッションとしての楽しみも。

足首までしっかり!

最近のシューズは、おしゃれなデザインがいっぱい。いろいろ買いたくなってしまいます。

LIGHT

2 アプローチシューズ

もともとクライマーが岩場へ向かうアプローチではくために作られたシューズ。岩場など滑りやすい地面を歩くのにも適しています。ソールが柔らかく足裏感覚が伝わるため、地面をしっかりキャッチできて滑りにくいのが特長。ハイカットからローカットまであり、ハイカットは足首の保護力が高く、ローカットははきやすくて軽量で、疲れにくいです。

普段使いにもオススメ!

ソールが岩場でもより滑りづらいよう工夫されています。ハイキングではいてもOK。

DURABILITY

3 縦走用シューズ

本格的な登山シューズです。オールシーズン、ハードな使用にも耐えるよう、がっしりとした作りで耐久性があり、保温性も高いのが特長。雪山用はソールがより固くできています。ワンタッチアイゼンを付けられるように設計されたモデルも。

高山に挑戦するときに!

靴底も耐久性が高く、足首も支えてくれます。トレッキングシューズより強固にできています。

足をしっかり固定するはき方

OK

足の裏をつけて結ぶ

つま先を下げて足裏を地面につけるようにするとよく締まります。締まり具合の違いを実感して。

NG

つま先を上げて結ぶのはNG

つま先を上げ、足首を曲げて結ぶと、足首部分が緩くなり、ハイカットの保護力が発揮されません。

Chiho's Advice

ほどけない結び方

蝶結びの最後、結びを締める前にもう一度同じ要領で、片側の輪を中心の結びの中に通してから締めます（簡易ベルルッティ結び）。

足の保護とはき心地を最も重視する

登山は何時間も何万歩も歩き続けます。足場の悪いところを行くことも。靴選びを失敗すると、思っている以上に体が疲れやすくなります。サイズやデザインだけでなく、はき心地にこだわって！ 試着のときは、実際に登山ではくソックスを着用すること。購入したら、山登りに行くまでに何度かはき慣らしておきます。

Memo

土踏まずを支えてくれるインソール

靴中にインソールを入れてサイズを微調節します。土踏まずの部分を支えるようにカーブがついているインソールは、足裏のアーチがつぶれて土踏まずが下がるのを防いでくれ、足の疲れを軽減してくれます。

商品提供：LaLaさかいや（さかいやスポーツ）

山ウェアと
山道具
14

雨の日のコーディネート

必要な雨具

1 レインウェア

上下で分かれたセパレートタイプを。試着してサイズを確認して。ズボンの裾の長さも意外に重要。長すぎると歩きづらいし、短すぎると足首から雨が入ってきてしまいます。

2 レインハット

フード付きのジャケットもありますが、首元をすっぽり覆うと汗がこもって髪がぐっしょりしたり、視界が遮られて歩きにくかったりするので、できればレインハットを別に用意しましょう。

3 ゲイター

ゲイターを「パンツの外側に付ける派」と「パンツの内側に付ける派」がいます。外側に付けると裾の泥汚れが防げます。内側に付けると靴の中に雨が入ってくるのを防げます。

4 折りたたみ傘

駅と山の行き来やバスを待つ間、山小屋でトイレに行くときなどは、折りたたみ傘が便利。たたんだサイズが20cmほどで150gくらいの軽量のものならザックの中でじゃまになりません。

5 ザックカバー

ザックの中が濡れると最悪！ビニール袋でも一時的に代用できますが、破けたり風で飛ばされたりするのでオススメしません。ザックカバーは、ゴムやストラップを締めてしっかり装着します。

全身を覆い、ムレない レインウェアを選ぶ

レインコートはスーパーなどで1000円くらいから売っていますが、山ではほとんど使えません。太もも程度しか丈がなく足が濡れてしまうし、風にあおられるし、すぐに破けるし、30分も歩くと汗で蒸れてしまうからです。ゴム製のレインウェアもありますが、やはりムレムレになり、素材も重くて動きにくいのでやめたほうが無難……。

多少値段は高くても、やっぱり登山用のレインウェアを準備したいです。形はザックを背負ったまま上から被れるポンチョより、ジャケットとパンツに分かれているセパレートタイプがオススメ。冬場の重ね着や脱ぎ着のことを考えて、少し幅に余裕のあるものを選びます。

Check!

レイン用品は機能性を重視！

WATER REPELLENCY

1 防水透湿性のもの

雨を通さない防水性と、汗などの水蒸気を発散する透湿性を兼ね備えた素材がベスト。ゴア社のゴアテックス®が有名ですが、それ以外のメーカーからも似たような素材が出ています。少々値段は高くても防水透湿性にこだわったほうが、快適に行動でき、疲れにくくなります。

かいた汗を
外へ逃がす！

防水機能だけのものは、汗を外に放出できないので冷えや蒸れの原因に。透湿性のものを選んで。

裾が開くから
脱ぎ着が楽チン♪

レインパンツを脱ぎ着する際にシューズを脱ぐのはかなり面倒なので、裾の開き具合は要確認。

EASY TO TAKE ON AND OFF

2 脱ぎ着しやすいもの

山では雨がポツッときてすぐ大雨になることも。すばやくレインウェアを着たいので着脱のしやすさは重要です。ピッタリすぎないサイズのものをセレクトして。レインパンツの裾の外側がファスナーで大きく開閉するようになっているものが、登山靴をはいたままでも足を通せて便利です。

FLEXIBLE

3 しなやかな素材

レインウェアには、防水機能がバッチリでも素材や加工によって生地が厚くてゴワゴワしているものもあります。長時間着ると気になるので、ガサガサするものや動きにくいものは避けて。生地が柔らかくスムーズで伸縮性がほどほどにあり、軽くて動きやすいものを探しましょう。

柔らかいものが
疲れにくい

ウェアは着心地がよいほうが疲れにくく、不快感がないもの。サイズ感も必ずチェック。

商品提供：LaLaさかいや（さかいやスポーツ）

山ウェアと山道具
15

荷物を軽くして楽チンに！

Check!

荷物を軽くするポイント

1 どんなものがダブりやすい？

山では高いところに登るほど、気温が下がります。そのことを踏まえて何枚かウェアを持っていく必要がありますが、同じような機能のアイテムをいくつもザックに入れてしまうことも。フリースとダウン、レインウェアとウインドブレーカーなどがその代表。季節によっては、どちらか一方でOKなのです。

レインウェアは風を通さないので、レインを持っていればウインドブレーカーは不要です。

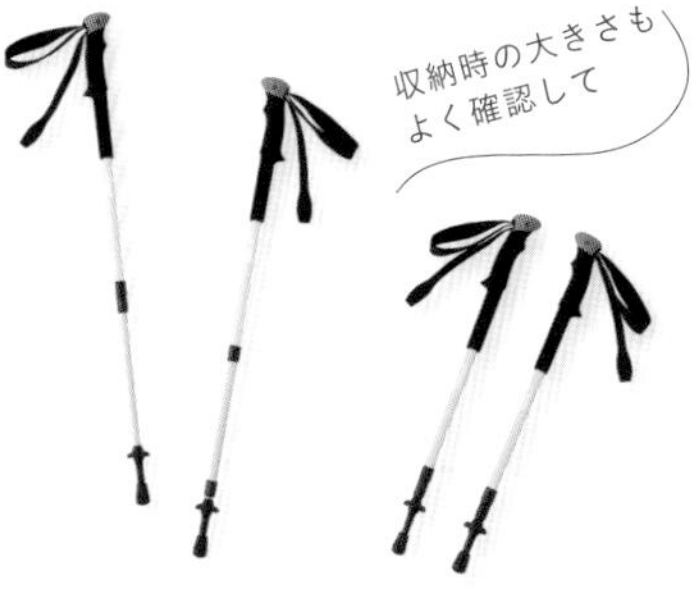

ストックは形や長さだけでなく、重さやバランス感もさまざま。グッズを買うときは、実際に持ってみることが大事。

2 特に女性は軽い道具が◎

一つひとつの差は小さくても、その積み重ねが荷物を重くしてしまうもの。山のアイテムは素材によって重さが違うので、特に女性は軽いものを意識的に選んで。たとえばストックはアルミ、ジュラルミン、カーボン製がありますが、カーボンが最も軽いです。デザインも重要ですが、重さにも注目すること。

機能にダブりがないようにもう一度確認を！

荷物が重いと、体に負担がかかるだけでなく、疲れから転倒してケガをする恐れも。山登りの荷物は軽量化するのが基本です。

ありがちなのは、パンパンになったお財布や化粧ポーチ。ポイントカードなど、山で使わないものは置いていきましょう。また、荷物の中に機能がダブっているものがないか再度確認を。ウインドブレーカーとレインウェア、フリースと軽量ダウンなどは、どちらか一方で間に合う場合も。ザック自体の重さも日帰り用、1泊用で変わってくるので、行程に合わせてセレクトして。

ただし、たとえ使わなくても絶対に持っていくべきアイテムもあります。次ページを参考にしてみて。

3 目的の山によって ザックを使い分ける

ザックも、容量によって本体の重さが違います。日帰り用の30ℓのザックだと、本体の重さは900gほど。容量や機能が増えるにつれて、重量がアップします。また、必要以上に大きなザックを選ぶと、ザックに合わせていっぱいものを詰め込んでしまいがち。山歩きは、必要なものを最小限にとどめて。

ザックにも
TPOがある！

素材もいろいろ。デザインだけで選ばず、肩幅や背幅など体にフィットするものを選ぶと、軽く感じます。

Memo

使わなくても持っていくべきアイテム

1 ヘッドランプ

暗くなる前に下山するか、山小屋に到着するのが大前提。とはいえ、万が一暗くなったとき、夜の山道を灯りなしで歩くことは不可能です。予備の電池も必ず持参すること。

2 水と非常食（→P70参照）

非常食は栄養補助食品など数個を持っていきましょう。水は飲み水以外に、非常用の真水を1本持っていくのがおすすめ。ケガをしたとき、傷口を洗い流すのにも使えます。

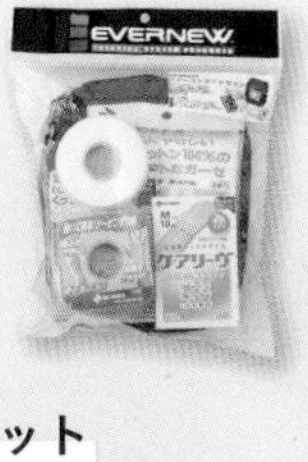

3 救急セット

中身は絆創膏などの基本グッズのほか、三角巾、包帯、エマージェンシーシートなど。傷口を触るときは、薄手のゴム手袋があると感染症が予防できます。

4 レインウェア

山の天気は崩れやすいもの。自分が登ったときに雨が降らなかったら、それはラッキーだっただけと考えて。山で濡れ、冷えると低体温症になることもあるのです。

商品提供：LaLaさかいや（さかいやスポーツ）

山登りのウェアはおしゃれに

基本のコーデ

Chiho's Advice

服の色は好みでよいですが、黒色はハチに攻撃されやすい、遭難時に人目につきにくいなど欠点もあります。

夏をベースに 秋冬はレイヤリング

夏の服装はアンダーウェア、薄手の長袖、ロングパンツ、帽子が基本。春秋冬はそこにアイテムを追加していきます。

寒いときに追加するアイテムは、極厚のものを1枚着るより、薄手のものを何枚か重ねて脱いだり着たりするほうが、細かく体温を調節しやすいです。また、何枚も重ねる（レイヤリングといいます）と空気の層ができるので保温性が高まります。

Memo

山スカートの使いこなし

ショートパンツの代わりにスカートを合わせるのも◎。もちろんかわいいだけでなく、ひざによけいな負荷がかからない分、足さばきがしやすく動きやすいという利点もあります。

寒くなったらプラス

1 レッグウォーマー

タイツに足首を温めるレッグウォーマーを合わせると、おしゃれで温かいです。カラフルな模様でかわいくするのも楽しい。

2 帽子

防寒用の帽子はウールやフリースなど保温性の高い素材のものを選んで。耳まで覆うタイプもおすすめです。

3 グローブ

グローブは暖かくて風を通さないものを。はめたままスマホのタッチパネルを操作できるものが便利です。

4 薄手のダウンジャケット

寒い時季には定番。ダウンは濡れに弱いですが、最近は撥水加工され、ある程度濡れても保温性を保てるものもあり。

5 フリース

軽くて温かいので山で大活躍。秋冬はもちろん夏山でも標高の高い山に出かけるとき重宝します。風を通さないものがベター。

6 ネックウォーマー

首元がスースーするのと温かいのとでは、体温の奪われ方が大違いです。寒い時季は顔まで覆えるネックウォーマーを。

7 冬用パンツ

ズボンの内側にフリースや起毛素材が付いているもの、キルティング素材のものなど、保温力が高くなっています。

8 ウールの下着

ウールは濡れても温かく、通気性もいい素材です。体を温めながら、吸水速乾性に優れた機能性下着もあります。

9 ベスト

防寒着としてはもちろん、ファッション性も高まるので女性には大事なウェアの一つ。腕がごわつかず、動きやすいです。

商品提供：LaLaさかいや（さかいやスポーツ）

体温調整しやすいウェア

襟元の開閉で
温度を調節

ファスナーやボタンで着脱しやすいウェア

山歩きをしていると、体が温まってきます。ボタンやファスナーを開閉して快適な状態をつくって。ジャケットの脇がファスナーで開くタイプのものや、長ズボンでもひざのところでファスナーで切り離し、ショートパンツになるものも。上下ウェアとも綿100％素材は乾きが悪いので避けるのがベター。汗で体が冷えることも。

COOLING-DOWN

おすすめコーデ！

長袖のTシャツに半袖のシャツ、タイツに半ズボンなど、重ね着を楽しんで。色はトーンを合わせると、全体にまとまりが出ます。

山小屋でのリラックスタイム

翌日のウェアに着替えてしまう

荷物を減らすために部屋着などは持っていかず､翌日のウェアで過ごす人が多いです。部屋着を持っていくときは、かさばらないものを。その場合、ロングスカートが意外に使えます。リラックスでき、着替えるときに目隠しにも。上半身を着替えるときはスカートのウエストを首まで上げればＯＫ。

WEAR FOR RELAX

カラフルなレッグウ
ォーマーで個性的に

レッグウォーマーも便利！

長めのレッグウォーマーは、部屋着としてはもちろん、寒いときの重ね着にも使えます。腕につければアームウォーマーや手袋代わりにもなる優れもの。

風が強いとき

WINDY DAY

ソフトシェルのウインドストッパー

ソフトシェルは動きやすさや通気性を重視したウェアのこと。生地が滑らかで軽いので、街歩きにも使える点が魅力です。ウインドストッパー（防風素材）がシーリングされている、やや厚手のものが耐久性もあって長く使えます。ちなみに、ゴアテックス®などの防水透湿性素材のものをハードシェルといい、高い防水性が特長です。

目を保護するアイテム

風で飛んできたゴミやチリが目に入ると痛い……。コンタクトレンズの人はもっと大変です。強風が予測される日は、ゴーグルやサングラスを。

雨でも風でもへっちゃら！

下山後は着替えを

CHANGE CLOTHES

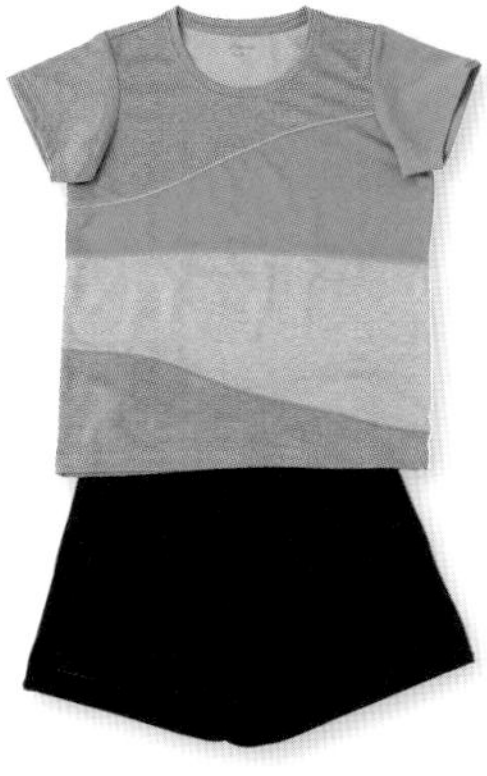

車で来たときは部屋着でもOK♪

帰りのファッションは楽なもので！

山登りで体が汚れたまま帰路につくのは気持ちが悪いという人は、帰りの分の着替えを持っていきます。ただし、山に持っていくと重いので、自分の車で行くなら車に置いておきます。電車なら駅のコインロッカーに預けておきましょう。着替える場所は公衆トイレなどで。着替えて気分もサッパリさせ、帰路につきましょう。

温泉に入る選択も！

登山した後、汗のベタつきが気になることも。そんなときにおすすめなのが温泉に寄ること。汗を流せ、疲れを取り、着替えもできるので一石三鳥です。

商品提供：LaLaさかいや（さかいやスポーツ）

山ウェアと山道具

17

パッキングしだいで荷物が軽くなる

詰め込み順のヒント

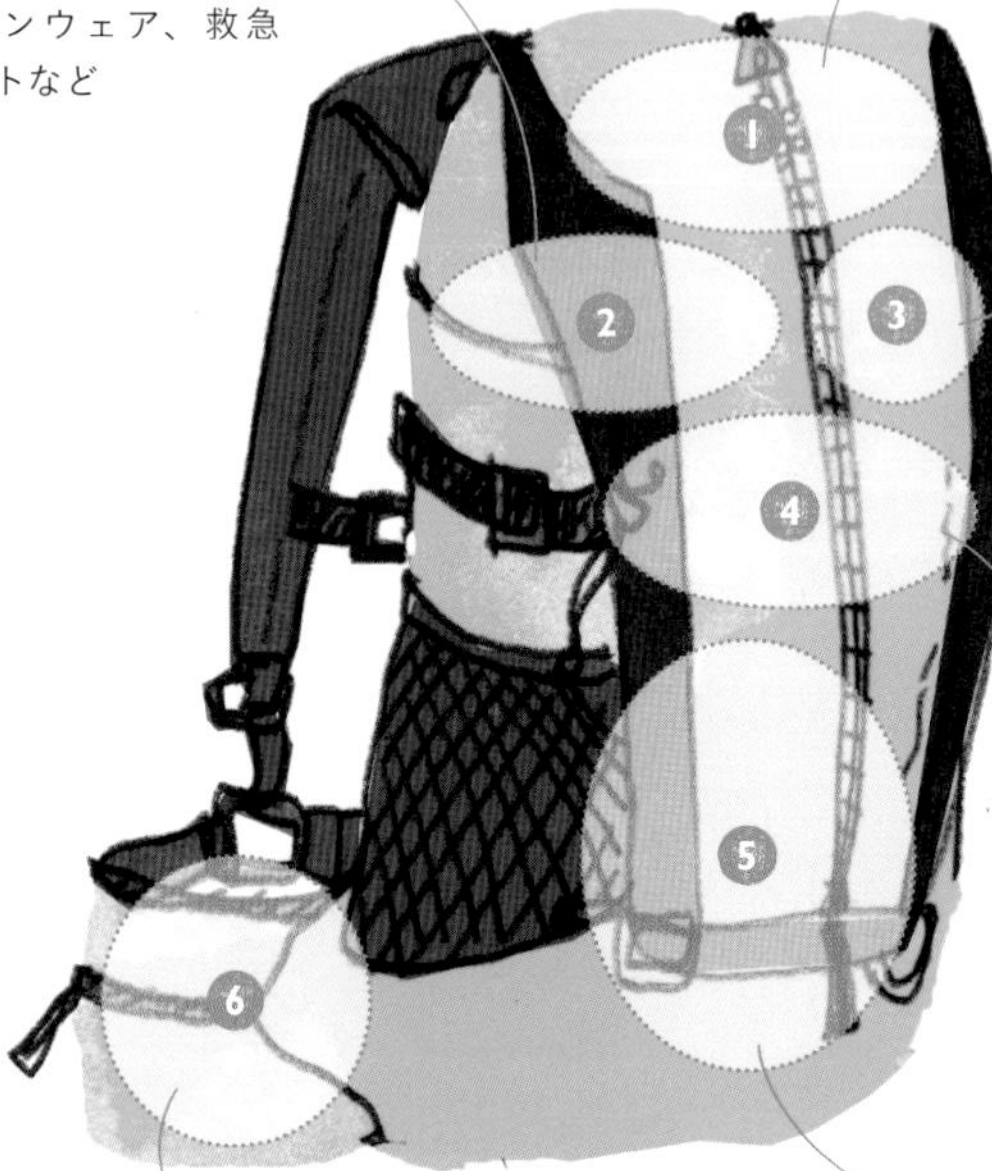

❶ 雨ぶたには備品

ティッシュ、行動食、ヘッドランプなど

❷ 上部にはすぐに出したいもの

携帯電話やスマホ、水、レインウェア、救急セットなど

❸ すき間には予備の水など

水筒やペットボトル、折りたたみ傘など細長いもの

❹ 中央には化粧道具など

洗顔シート、クリーム、口紅、アイブロウなど緊急性の低いもの

❺ 底には着替えや予備のタオルなど

着替え用ウェア、下着、タオルなど行動中に使わないもの

❻ ウエストポケットには歩行中に使うもの

地図、日焼け止め、リップクリームなど歩行中に使うもの

よく使うもの、重いものが上、背中には柔らかいものを

ザックへの詰め込み方によって、荷物は重くも軽くも感じます。基本は「重さのあるもの」「よく使うもの・すぐ使うもの」が上、「軽いもの」「すぐには使わないもの・あまり使わないもの」は下です。重いものを上に入れるのは、重心が上がるほうが背負ったときに安定して軽く感じるからです。背中側には柔らかいものを入れると背中が痛くなりません。

具体的には、水や行動食、レインウェア、携帯電話やスマホ、救急セットなどを上のほうに入れます。着替えやアメニティーなど下山後や山小屋で使うものは下へ。ザックを下ろさずに使いたい地図や日焼け止めなどはウエストポケットなどに入れておくとよいでしょう。

上手にザックに収めるには

1 重いものは背中側へ

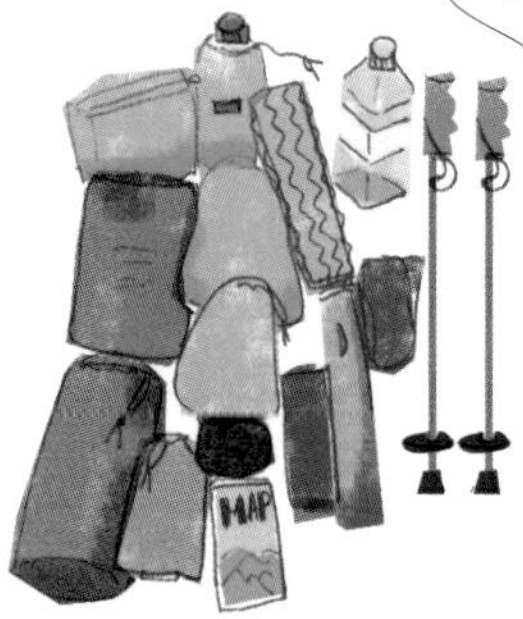
WEIGHT
詰め方しだいで
重みが違う！

「重いものを上、軽いものを下」という法則に加えて、「重いものは背中側、軽いものは表側」にも意識します。重いものは背中に密着させたほうが断然軽く感じるからです。荷物の重心が体から離れるほど、振り子の原理で体が左右に振られて、それが疲れの原因にもなります。

荷物が重く感じてきたら、ストックを出して、体の負荷を分散。ストックの重さ分、軽くもなります。

2 圧縮でコンパクトにする

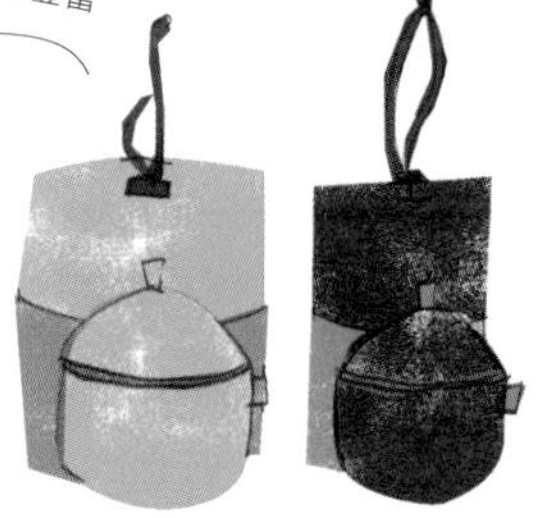
COMPACT
デザインや
カラーも豊富

山小屋では少しの音でも響きます。スタッフバッグなら、開け閉めするときに大きな音も出ません。

着替えやタオルなどはギュッと圧縮して、小さくして詰め込みます。普通のビニール袋だと音がカシャカシャして迷惑だし、ちょっとダサい（！）のでスタッフバッグを使いたいもの。スタッフバッグはサイズが豊富で防水性も高いものがあるのでおすすめです。なるべく軽い素材を選んで。

3 細長いものは後から詰める

THIN & LONG
ザックのすき間に
ギュギュッと！

水筒やペットボトル、折りたたみ傘など細長いものは、ザック内の荷物と荷物のすき間を埋めるつもりで、後から縦にギュッと押し込みます。ただし、水筒・ペットボトルは重量があるので左右のバランスを意識して。片方だけ重くなると背負いづらくなったり、肩が痛くなったりします。

水は重い＆使用頻度が高いので、ザックのすき間の中でも上部分を選んで入れるのがコツ。

山ウェアと山道具 18

女子ならではの荷物の工夫

化粧はシンプルがベスト。軽量化荷物でおしゃれを

女子たるもの、山でも見た目に気を配りたい！　でも、化粧道具やファッション小物は、重く、かさばりやすいものが多い……。荷物の軽量化とおしゃれの両立は悩ましいものです。

　経験からアドバイスすると、「山登りにバッチリメイクはオバケのもと」です。山歩きは汗をたくさんかくし、メイク直しをする場所は限られているので、メイクがドロドロに崩れて悲惨な顔になる可能性が高いのです。日焼け止めとなるべく薄めにした最小限のポイントメイクで山に行けるよう、日ごろからの素肌ケアを大切にしましょう。登山経験を積んでいる女子ほど、化粧ポーチの中身はシンプルのようです。

Check!

軽量化のアイディア

普段の分量は
いらない！
MAKEUP POUCH

1 化粧ポーチの中は最小限

日焼け止めクリーム、洗顔シート、化粧水、クリーム、リップクリームくらいが最小限でしょうか。口紅、アイブロウなど自分が気になる部分のメイク道具だけ持っていきましょう。小さな巾着やポーチを用意して「これ以上は持っていかない！」と心に誓い、優先順位を決めるといいです。

ポーチの重さや大きさも気になる人は、ファスナー付きビニール袋が便利。かさばらず、中も見やすい。

COMPRESS
女子にはもしもの
ときがある！
Zip

山では何があるかわからないので、生理が順調&予定がかぶらない場合でも少しは持っていこう。

2 生理用品は圧縮する

山で急に生理になることもあるので、生理用品は常にいくつか持ち歩きます。ナプキンは圧縮してジップ付きの袋に密閉します。タンポンに慣れておくと、持っていける量も多く、ハードな山歩きでもズレや蒸れが気になりにくいです。捨てられない山もあるので持ち帰り用の袋も用意。

ショップカードや
診察券はいらない！
WALLET
500
100

3 財布の中身を整理する

山小屋での買い物や、下山後、食事や温泉などに出かけたいときなど、やはりお金は必要です。だからといって、カード類がいっぱいだとじゃまになるだけ。山で使わないものは財布から全部出して、できるだけ軽く薄くします。有料トイレなどで使うので小銭はあったほうがベター。

何かあったときのために、現金1万円＋小銭程度は持っていくと安心です。

これがあると便利!なグッズ

試供品や赤ちゃんグッズなど小物類をうまく活用する

山に行くには「軽量化・コンパクト」が最重要項目ですが、小さなグッズでも「これがあると便利」「これ1個で快適さが違う」というものがあります。たとえば、化粧水や乳液などは試供品がとても役に立ちます。知らないうちに溜まった試供品の使いどころです。

また、ウェットティッシュがあるとお風呂に入れないときや、水場がなくて手が洗えないときなどに便利です。赤ちゃん用おしりふきは、普通のウェットティッシュより柔らかくて肌にやさしいうえに大きくて使いやすい。おしりふきのほうが枚数が多いので、コスト的にもお得です。

日ごろから「便利グッズ」を探すのも楽しんでみてください。

ワンポイント便利グッズ

❶ 1日使い捨てコンタクトレンズ

コンタクトレンズにするのは、眼鏡だと汗で曇ったり、雨のしずくが付いたりするため。使い捨てタイプにするのは、目を清潔に保てるうえ、さらに洗浄液やケースなどの荷物が減らせるからです。

❷ アメニティーの試供品

化粧水や乳液などを小さなボトルに移し替えるのは面倒なのと、量が減ってもボトルを持っていなくてはいけないのが少々難点。試供品なら1回使い切りで清潔なうえ、小さいのでゴミもかさばりません。

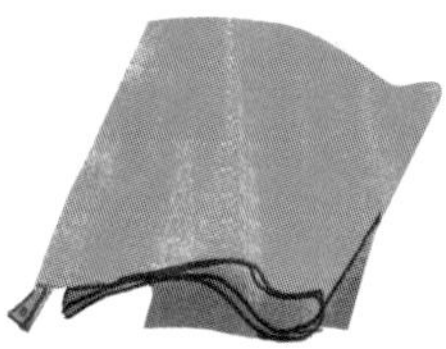

❸ ナノ素材タオル

ナノ繊維で織られたタオルは、水を含ませてふくだけで汚れや皮脂・油を落としてくれます。濡れている状態だとひんやり効果があり、首に巻いて熱中症対策にも。広げて干せばすぐ乾きます。

❹ 赤ちゃん用おしりふき

「おしりふき」と書かれていても中身は「ウェットティッシュ」とほとんど同じで、こちらのほうが肌にやさしいのでおすすめです。ドラッグストアや百円ショップなどの安いものでOK。

女子だから＋1アイテム

SKIN CARE
基礎化粧品は
最小限のものを

1 美肌ケアセット

化粧水、乳液、美容液などが一緒になったオールインワンタイプのスキンケア用品が便利です。また、山では日焼けしやすいので、保湿・美容液パックでケアを。ほんのり色がつくタイプのリップクリームは、唇の保湿ができて、唇の血色もよく見えるので口紅以上に重宝します。

化粧水、乳液、美容液、クリーム、目元美容液など挙げるとキリがない！　山では最小限にとどめて。

アウトドア用
手鏡がいちおし
HAND MIRROR

普段使いの手鏡だと、ザックの中で割れてしまうことも。ステンレス製なら丈夫なだけでなく軽い！

2 割れにくい手鏡

トイレや山小屋に鏡がないこともしばしば。身だしなみを整えるときに、やっぱり鏡は必要なので、自分で小さなものを用意していきます。遭難時に太陽光を反射させて居場所を知らせるという使い方も！ アウトドアに最適な「ステンレス製の割れにくい鏡」もあります。

3 虫よけにもなるミントスプレー

ミントは消臭・殺菌効果、クール効果、防虫効果がある優れもの。制汗剤や消臭剤として使えます。防虫効果については、虫よけスプレーより効くともいわれています。アトマイザーに入ったものが、アウトドア用品店やナチュラル系化粧品売り場などで売られています。

MINT SPRAY
ミントの香りで
虫を撃退

ミントスプレーは自作もできます。無水エタノールにハッカ油を混ぜて、水で薄めるだけと簡単。

山ウェアと山道具 20

山でのピンチ対策のテク

一番悩む！ トイレの対策は？

❶ トイレのある場所で済ませる

山はトイレの場所が限られています。山に入る前に、麓で用を済ませておきましょう。途中でトイレがあったら、特別行きたいわけでなくても、念のためこまめに行くようにします。

❷ ダッシュでトイレへ

次のトイレまでがまんできる範囲にいるのなら、着いたら大急ぎでトイレへ。ただし、慌てているときはトラブルが起きやすいので要注意！　足を滑らしたり、道を間違ったり、仲間とはぐれたりしがちです。

❸ 見えないところでコッソリ

トイレまでがまんできなければ、大きな木の陰や岩陰など、人目につきにくい場所を選んで用を足します。簡易トイレがあると環境を傷めません。使ったペーパーはその場に捨てずに持ち帰ります。

❹ 仲間に壁になってもらう

トイレもない、隠れる場所もないというときは、仲間に手伝ってもらいましょう。ほかの登山者が近づくのを止めてもらったり、ジャケットやシートで目隠しの幕を張ってもらったりします。

あらゆる事態を想定しておき、無理なら引き返す選択を

山で急にもよおした、予定外の生理がきた、うっかりケガをした、服を汚してしまったなど、思わぬピンチに見舞われることがあります。本当はそういうハプニングが起こらないように、「あらかじめ起こりそうなことには対策を練り、予防をしておく」ことが大事です。

それでも「どうしても」というときは、その場でできる最大限のことをするしかありません。ダメなら残念ですが引き返す選択をしなければならないことも……。

ハプニングは自分だけでなく、一緒に行く仲間や他の登山者にも迷惑や心配をかけます。山は何でも手に入る便利な場所ではないことを、しっかり考えに入れておきましょう。

Check!

思わぬトラブルにも対処する！

UNSCHEDULED

1 予定外の生理がきちゃった

自分で用意してきた生理用品やティッシュだけで足りないときは、仲間に借ります。山小屋で売っている場合もあります。お風呂に入れないときは、ウェットティッシュを使って、なるべく清潔に保つようにして。もし体調が悪くなったら、途中でもその時点で引き返しましょう。

山小屋で
買えることも

生理のときはナプキンよりタンポンのほうが、かさばらないしズレないのでおすすめです。

どんなときも
慌てずに対処
SOS

ケガをしたときは、すぐに仲間や近くの人に知らせて。状況や状態を確認して適切な処置を。

INJURY

2 ケガをしちゃった

救急セットで対応できる程度の傷ならいいですが、大きなケガだと下山やＳＯＳを呼ぶことになります。下山するより山小屋が近ければ、とりあえず山小屋へ行って手当てを受けて。足の骨折は歩けないので救援を呼びます。腕などでも開放骨折の場合は少しでも早く病院へ行けるよう救援を。

DIRTY

3 服が汚れてしまった

トイレや物陰で予備の服に着替えましょう。予備の服がないときは、汚れた一番外側の服だけ脱いで、代わりにレインウェアを着るなどします。汚れた服は防水バッグに入れて、ほかのものに汚れが移らないように。夏場で速乾性のウェアなら、水場ですすいでしばらくすると乾きます。

見えないところで
手早く着替えを♪

ウェアの汚れは登山に付きものですが、転んで泥がべっとり付いたときなどは着替えたほうがよい。

山ウェアと山道具

21

肌の美容を意識したスタイル

繊細な肌を
無防備にしない！

女子は休憩ごとに日焼け止めを塗りましょう

山は遮るものが少なく、平地より強い太陽光を直接浴びます。また、日光を浴びる時間が長い山登りは、かなり日焼けしやすい行為といえるでしょう。

日焼け止めは休憩のたびに、こまめに塗り直します。汗で流れてしまうし、時間とともに日焼け止め効果そのものが薄れてくるからです。何度も重ね塗りすることになるので、白残りしないものがベター。べたつきの少ないジェルタイプがサッパリ使えます。

盲点になりやすいのが首の後ろと耳です。特に、首の後ろを日焼けすると体温が上昇し、ドッと疲労感が増します。熱中症にもなりやすくなるので、首を出さないように。

Check!

こうやってUV対策しよう

ULTRAVIOLET RAYS

日に焼けると
疲労のもとにもなる！

1 肌の露出を少なく

アームカバーをする、長袖を着る、首にタオルをかけるなど、太陽に肌をさらさないようにします。アームカバーは半袖との境目が開くと、そこだけ日焼けしてカッコ悪いので注意しましょう。紫外線はウェアの生地を通しても入ってきます。生地にＵＶ加工が施されたものも活用して。

アームカバーをするときは、グッと引っ張ってシャツとの境目までしっかりカバーすること。

日射しが強い夏は
サングラスが大活躍

夏の太陽はもちろん、雪の反射も強いため、高山や冬山でもサングラスが必要な場合があります。

SUNGLASSES

2 サングラスをかける

ファッション感度の高い女子なら常識かもしれませんが、目からも日焼けします。目から紫外線が入ると脳が「ここは日射しの強い場所だ」と理解して、メラニン色素を分泌するよう命令を出すからです。透明なＵＶグラスのサングラスは、視界が明るく、見た目もおしゃれ。

PUT ON HAT

首すじまで覆う
ツバの広いものを

3 帽子で日射しを遮る

頭皮と顔を守るには、ハットやキャップなどのツバ付きがおすすめ。首まわりを覆うスカート付きのものもあります。また、ウェアだけでなくハットもサイズが重要。大きすぎると下を見たときにずり落ちたり、風が吹くと飛んでしまうかも。

ツバがあるハットが機能的にもおすすめ。ただし、あまり広すぎると視界を遮ってしまうことも。

商品提供：LaLaさかいや（さかいやスポーツ）

山ウェアと山道具
22

登山道具のお手入れ術

使い込むほど体になじむ道具。登山から帰宅したら即ケア

山登りの道具は大事に使えばその分、長持ちします。また、使い込めば使い込むほど体にしっくりきて、愛着が湧いてきます。使った後はきちんと手入れをして、次に備えてのメンテナンスを。そうすれば長く愛用できて、買い替えるコストも節約できます。山登りの経験を積んだ人ほど、また山を愛する人ほど、道具類も大切に使っています。

　山登りから帰ったらすぐウェア、靴、ザック、レインウェアなど使ったものの汚れを落とし、しっかり乾燥。直射日光で乾かすと劣化したり変質したりするものは、風通しのいい場所で陰干しします。その後は、撥水スプレーをかけて次に備えます。また、登山前には再度確認を。

Check!

次の登山に向けてケアを！

1 登山靴のメンテ

① 汚れを落とす

水とブラシで汚れを落として、ヒモを緩め、はき口を大きく広げて中まで乾かします。ウレタン部分がボロボロになったり、靴底が割れたりするので、時々ソールを曲げてみて、劣化していないかよく確認を。

② インソールを乾かす

インソールと靴底の間に汗がたまりやすく、カビや臭いの原因になります。インソールは毎回はずし、よく乾かしましょう。靴と別々に保管すると入れ忘れてしまうので、靴のはき口に差し込んでおきます。

③ 撥水《はっすい》スプレーを

靴全体に登山靴用の撥水スプレーをかけましょう。スプレーは登山用品店で買うことができます。スプレーが完全に乾いてから保管。靴箱に入れると湿気や臭いがこもりやすいので、そのまま玄関脇や棚などに。

Chiho's Advice

脱いだらインソールをはずす

帰ってからだけでなく、山小屋などで靴を脱いだ時もすぐにインソールをはずしましょう。こまめなケアが道具の長持ちにつながります。

WEAR

2 ウェアのメンテ

普通の洗濯物と同じように、洗濯機で洗えるものがほとんどです。繊細な生地のものはネットに入れて、手洗いコースでやさしく洗えば大丈夫。柔軟剤を使うと生地によっては吸水性が落ちる場合があるので、表示を確認してから。破れやボタン、ファスナーの故障などがないかチェックを。

いつでもキレイに快適な登山を！

ウェアを洗うときは、必ず品質表示を確認して。念のためネットに入れて洗いましょう。

仕上げのスプレーを忘れずにかけよう

レインウェアは撥水性が重要。撥水スプレーをかけて保管すると、品質が長持ちします。

RAINWEAR

3 レインウェアのメンテ

繊維の目に詰まった汗の塩分や泥を取り除くため、水にジャブジャブ浸けて洗います。ハンガーにかけて乾かし、撥水スプレーを。シーズンごとに液体タイプの撥水コート剤に浸すと、防水効果がよみがえります。たたんだり袋に入れると生地が傷みやすいので、ハンガーにかけて保管して。

RUCKSACK

4 ザックのメンテ

背中に当たる部分、肩部分に汗がたくさんしみ込んでいるので、丸ごと水に浸けて洗います。専用の洗剤が売られているので、それを使っても◎。ポケットなども裏返して内側もよく洗って。一緒にザックカバーも洗いましょう。縫い目や部品などに不具合がないか確認しておきます。

ほつれがあった
すぐに補修して

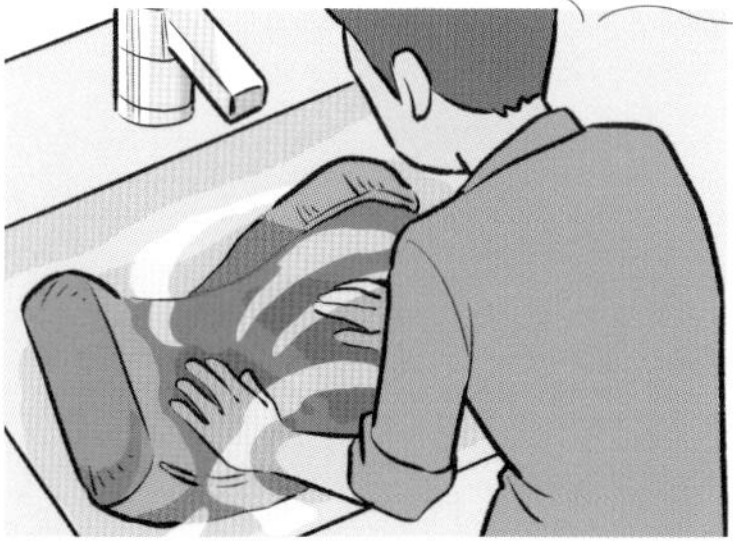

目に見えなくても、汗や汚れがいっぱい！　たまに丸洗いして清潔に保って。

商品提供：LaLaさかいや（さかいやスポーツ）

Column 2

山の道具が非常用持ち出し袋にも！

手入れしたグッズは、次にすぐ出かけられるよう、ザックに詰め込んでおきましょう。ウェアやヘッドランプ、タオルや着替え、救急セット、日持ちのする水や携帯食、アメニティー、ティッシュ、ウェットティッシュ、生理用品など。レインウェアは傷まないよう直前までハンガーにかけておくほうがいいですが、それ以外は詰めて部屋の隅にスタンバイしておきます。すると、思い立ったときにパッと背負って山に出かけられます。

準備しておくと何よりいいのは、地震などのとき「緊急持ち出しバッグ」になること。山で使う道具をよく見てみると、非常時に使えるものばかり！　枕元など手の届くところに置いておけば、もしものときにきっと役に立ちます。

非常時にも
使えるので便利

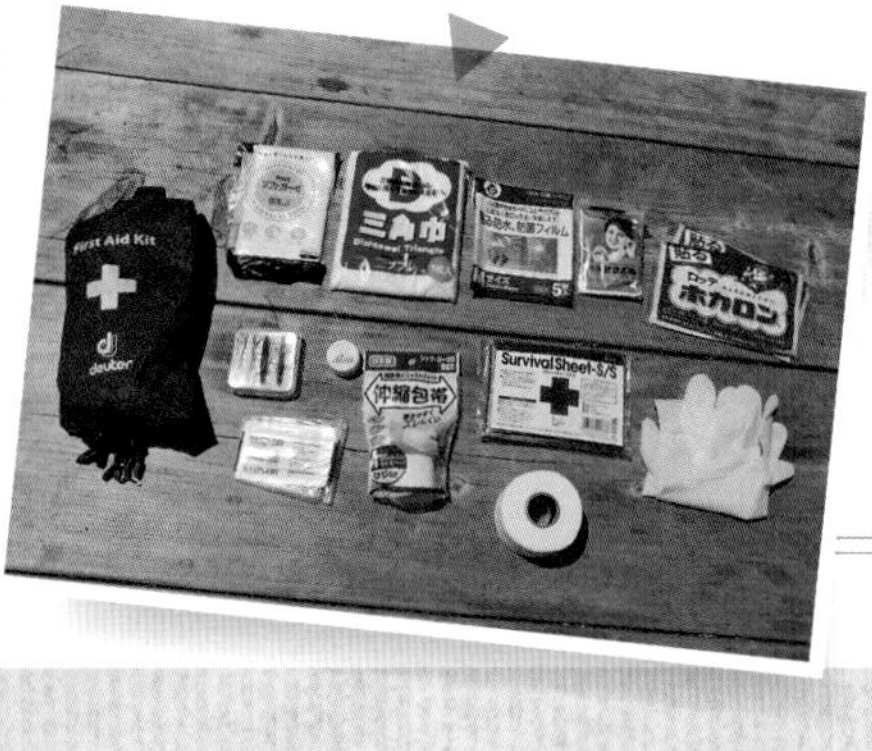

Part

3

山登りの
基本技術

普段歩く道とは違う山のコース。体に負担をかけない、疲れにくい歩き方をはじめ、体力を考えた休憩の方法を身につけてください。

わーい
いよいよ
ですね!
うき
うき
お天気
よくて
よかったねー
さあ
登る
ぞぉ~
チホさん
レッツ
ゴーーッ!
ダッ
ちょっと
待って~
準備体操
してから
登らなきゃ
ダメだよ~
ピタ
準備体操が
いるんだ
あっ周りの
人も
やってる
いーち
にー
えへへ
チホさん
どうやるのか
教えて
ください

もうだいぶ登りましたかね
気持ちいい〜
だいたい山の中腹にさしかかったところかな
まだ半分…か…
フー
フッ フウコちゃんどうしたの
ふっふっふ知ってます？疲れたときは後ろ向きで歩くと楽なんですよ！
ザッ
ザッ
山登りにはもっと楽でケガもしないよい歩き方があるんだよ〜
危ない危ない！
おわっ
ズリッ

山登りの
基本技術
23
山登りの体づくりと準備運動

体をケアするためのひと手間

関節の可動域を広げ ケガの予防をする

関節をしっかり
ストレッチ！

秋の終わりや冬など外気温が低いシーズンは、準備運動に屈伸などの関節の曲げ伸ばしを取り入れます。意識的に筋肉を動かして柔軟性を高め、体を効率的に温めるのが目的。同時に関節の可動域も広がり、転倒やひねりによるケガを予防できます。夏よりも入念に準備運動を行いましょう。

暑い日にウォームアップをしすぎると、疲労を感じやすくなるので注意。木陰で行うようにして。

登山前のおすすめストレッチ

① ストレッチは足先から行います。足首をよく回して、ねんざの予防を。

② 脚を前後に開き、前脚に体重をのせて後脚の腱を伸ばします。かかとが浮かないように注意しながら、左右とも行います。

③ 足首を持ち、前ももを伸ばします。気持ちいいくらいのところまで。左右とも行って。

④ 片手で反対側のひじを持ち、体に引き寄せて肩甲骨を伸ばします。左右ともしっかり行いましょう。

⑤ 片脚で屈伸し股関節を伸ばすストレッチ。両脚屈伸でひざを動かすのも◎。

⑥ 頭の上で手を組み、上体を左右に倒します。腰を回すストレッチを加えても◎。

Memo

登山途中と後にも体のケアを！

山を下りたらもうクタクタ……。それを防ぐためにはこまめな体のケアを！ そのままにしておくと、寝てもなかなか疲れが取れません。軽くストレッチして、筋肉にたまった疲労物質を流して。帰り道に温泉に寄るのも手です。体を温めた後は、なるべく早いうちに足に冷水をかけると疲れが取れやすくなります。

山を下りたら少しマッサージを。足に冷水をかけることで自律神経の働きがよくなり、血流アップ。筋肉にたまった乳酸を流してくれます。

事前のトレーニングはするべき？

体力がないうちは頂上まで行かずに途中で引き返してもOK。平地のウォーキングを楽しんでも。

富士山や穂高など高い山に行こうと思うなら、ある程度のトレーニングが必要になってきます。ジョギングや筋トレなども有効ですが、中でも一番おすすめなのはやっぱり「山へ登る」こと。低い山から始めて、少しずつ体力をつけていきます。それが何よりもよいトレーニングになるはずです。

体を適度に温めて柔軟性をアップさせよう

朝、登山口に着いた段階ではまだ体は山に登る準備ができていません。体が硬いままだと足をくじいたり、すじを痛めてしまう危険性も。これを回避するため、登る前には適度な準備運動をしておきましょう。

　ひざや足首など山登りで使う部分や、自分の歩き方のクセから傷めやすい部分を中心に、きちんと動かすのがコツ。暖かいときは少々省いても大丈夫ですが、寒い季節はジャンプや屈伸など体を温める運動を取り入れて。ラジオ体操のような全身運動もおすすめです。ポイントは体全体を動かして、体に「これから登る」という信号を送ること。体が温まっていたほうがスタミナが持続し、疲れを感じにくくなるのです。

山登りの基本技術

24

基本の歩き方をマスターする

山道は“ゆっくり”&“小また”で

急な斜面　歩幅：15〜20cmくらい

急な登り坂や、下りはなるべく歩幅をせまくしながら進みましょう。左足の幅と右足の幅が重なり合うくらいでOK。足の裏全体に体重をかけると、摩擦面が増えるので足元が多少悪くても滑りません。

通常の山道　歩幅：30〜50cmくらい

通常の街歩きよりせまめの30〜50cm程度で。ペースを上げたいときは、少しスピードを上げてもOK。

歩き方3か条！

1　ペースは「ゆっくり」！

息がハアハアと上がるくらいでは、ペースが速すぎ。隣の人とおしゃべりする余裕があるくらいが理想です。

2　歩幅は「せまく」！

急な斜面や下り坂、足元が悪いときほど歩幅をせまく。足の裏全体に体重をのせるよう意識しながら進みます。

3　重心は「ブレずに」！

足を大きく踏み出して重心をずらすと、よけいな体力を消耗してしまいます。特に上体は安定させて。

小さな動き&小またで体力の消耗を防ぐ

山道は「ゆっくり」「小また」を意識しながら進みます。歩幅が大きいと使う筋肉の動きも大きく、疲労しやすいのです。また、重心のバランスをとるのにも体力を使ってしまいます。息が荒くなるようでは、ペースが速すぎ。隣の人とおしゃべりを楽しむくらいの余裕を持ちましょう。また、グループで行くときには遅い人に合わせないと、どんどん離れていってしまうので配慮して歩くようにしてください。

登りの坂道はつま先歩きになりやすいので、これも注意。ふくらはぎの筋肉ばかり使ってしまい疲れやすくなります。反対に下りはかかとに重心がいきがち。滑りやすいので気をつけましょう。

安全な歩き方の3ポイント

WALK SLOWLY

1 急な斜面ほど歩幅をせまく

傾斜が急なときや、滑りやすい場所ほど歩幅をせまく。大きな動きは体力の消耗が激しくなると同時に、ひざなどの関節を傷めやすくなります。歩くときはなるべく静かに。最小限の動きで、ゆっくり確実に登っていきましょう。山に慣れている人は歩き方も上手なので、足の置き場所などを参考にしてもいいかもしれません。

地面をしっかり
踏みしめて

付いていけないと感じたら、仲間に声をかけて。バテるほうがまわりに迷惑をかけてしまいます。

靴底全体を
地面につけよう

この動き方が、体力温存の何よりの秘訣。疲れただけでなく、危険を回避する方法でもあります。

SHOE SOLE

2 足を出すときに地面を蹴らない

地面を蹴るように歩くと、ひざや足首に負担がかかるばかりか、滑りやすくて危険。足は地面に置くイメージで歩きます。1歩ずつ、かかとからつま先まで靴底全体を地面につけるようにして進みましょう。歩幅にもつながる話になりますが、大またで歩くこと自体が、後ろ足を蹴る動きにつながり、体力の消耗を招いてしまいます。

CHECK AROUND

3 3～4歩先を見る

足元だけを見ていると、踏み出してから危険箇所を見つけても回避することが難しくなります。3～4歩先を見て、これから先の足場を確認しながら登っていきましょう。ただし、木の枝などが張り出している場所では周囲を注意することが重要。また、ときどき景色を見るなどして、リフレッシュもしましょう。

危険箇所に足を
置いてからでは遅い！

急な岩場などは、下を見ると怖さを感じることもあるので、足元だけに集中したほうがいい場合もあります。

山登りの基本技術

25

疲れないための山中のテク

疲れる原因を自分で知ろう

1 ペース配分の問題

バテは思ったより急にやってきます

ペース配分は、『うさぎとかめ』の物語を考えるとわかりやすくなります。うさぎのように短期間で頑張るのはよくありません。休憩も長くとることになり、結果、体が冷えてしまいます。心拍数に上下がありすぎると、疲れがたまりやすいので、かめのように、ゆっくり一定のペースで進むのがコツです。

本当にバテてしまったら、自分でもびっくりするほど動けなくなります。自分の体調はしっかり見極めて。

2 補給の失敗

水分の種類は自由。お茶は利尿作用がありますが、自分が飲みやすいのなら、それで大丈夫です。

水分はこまめに取らないと、脱水症状を起こしてしまうので注意。休憩のたびに、少しずつ意識して補給して。夏の暑いときは、10分にひとくちずつ飲むくらいがベスト。行動食も少しずつ食べるのがコツ。何も食べずに歩き続けると、ハンガーノック（エネルギー切れ）で動けなくなってしまいます。

完全に動けなくなると危険。お互いに様子を確かめ合って

疲れの大きな原因の一つは足への負担。靴ひもが緩むと歩きにくく、疲れやすくなるのでしっかり結んで。ストックを使って体重を分散させるのもオススメです。疲労しすぎると動けなくなってしまい、行程に影響を与えることも。バテてしまうと、足がすごく重くなり、1歩踏み出すのが本当に辛い……。機嫌が悪くなったり、無表情になるのはその前触れです。中にはバテてきても、どうしても言い出せない人もいるので、お互いに様子を見て疲労のサインを見逃さないようにします。

本当に疲れて動けなくなったら、それ以上登るのは危険です。みんなで下りて、次の機会にリベンジしましょう。

行動食でエネルギー補給を！

山登りの途中にエネルギー補給として食べるのが行動食です。また、非常食は、何らかのトラブルで停滞せざるを得なくなった際に取る食事のことです。行動食とは別に持参しましょう。

① ソフトクッキー

チョコが入ったクッキーは、糖分の摂取に最適。中でもやわらかいソフトクッキーは、ザックの中でバリバリに割れてしまわないので扱いやすい。

② ドライフルーツ

ドライマンゴーやドライパイン、ドライイチゴ、レーズンなど。甘みの中にわずかな酸味も感じられるため、疲れたときも食べやすいと人気です。

③ ゼリー飲料

疲れがひどいときは、食べものをかむ気力すらないことも。ゼリーなら飲み物感覚でエネルギーを補給できます。夏は凍らせて保冷剤代わりにも！

④ ナッツ

栄養価が高く、ほどよい塩加減が食べやすいので塩分補給アイテムとしても。いろいろなナッツをミックスしているものを選べば、食感の違いも楽しめます。

Memo

体温調整も怠らずに！

寒いと筋肉がこわばって、本来の力を発揮できません。まわりの気温や自分の体温に合わせて調整を。寒いときは頭から熱が逃げてしまうので、帽子が必須。また、首も体温に大きく関わっています。ファスナーの開け閉め、ネックウォーマーの着脱など首まわりをこまめに調整することで、簡単に体温を管理できます。

暑いときはファスナーをあけて、首から熱を逃がします。寒いときは上までぴったり閉じて。

山登りの基本技術

26

難しい場所の歩き方

普段の生活にない道を
克服することで達成感を得られる!

3点確保しながら焦らず少しずつ進む

街の中では、特に足元の危険を考えずに歩くことができますが、山の中ではそうはいきません。手を使って登らなければいけない岩場、小石が多いザレ場、小さな岩が連なったガレ場など、山には歩くのに難しい箇所がいっぱい。ほかにも、滑りやすい場所も多くあります。

危険箇所に入ったら、はじめにルートを確認。行けると判断したら焦らず、少しずつ進みましょう。

急な岩場を歩くときは、3点確保を意識。これは足2本、手2本のうち、3つは固定して動かすところは1つにすること。岩登りの基本として、常に頭にとどめておきましょう。また、足元だけでなく落石など、頭上にも注意して。

Check!

岩場の歩き方

CHOOSE THE ROUTE

1 はじめにルート確認を

山登りを始めたばかりで、いきなり岩場は危険ですが、少し慣れてきたらちょっとしたスリルも楽しいもの。岩場に着いたら、はじめに全体を見渡してルートを確認します。落石の危険もあるので、一人ずつ登りましょう。前の人の登り方を見ながら、自分の動きをイメージしておくとよいです。自ら石を落とすことは、絶対にないように。

進むのは前の人が登りきってから

気が緩むと転落などの事故を起こしてしまうことも。下山するまで気を抜かずに歩いて。

下を見ると怖さが増すかも！

高さに恐怖を感じると体がこわばり、動けなくなってしまいます。足元と手元をよく見て。

THREE-POINT CONTACT

2 3点確保で進む

基本は3点確保。両手、両足の4つのうち1つだけを動かし、そのほかの3点はしっかりした場所に置いて体を支えます。2点だけだと、体重がかかりすぎて支えきれなくなります。また、怖いからといって岩にくっつくと足が離れやすくとても危険。岩から体を離して、足を置く場所、手をかける場所を見極めて。

LOOSE ROCK

3 浮き石に注意する

岩場では全ての石が固定されているわけではありません。過信していきなり手や足をかけるのではなく、その前に必ず目で確認を。さらに少し触ってみるなどして、ぐらつきがないか確かめます。また、岩に手をかけるときに、手前に引っ張るのはNG。もろい岩は、はがれ落ちる危険性が高いです。押さえつけるようにするとよいでしょう。

神経を集中させて通過する

浮き石が多い所では不安定な石に乗ることで起こる転倒に気をつけて。落石も起こさないように。

鎖《くさり》場《ば》・はしご場の歩き方

1 鎖に頼りすぎない

SUPPORT

鎖場とは、岩に鎖が取りつけてある場所のこと。鎖があると、腕だけの力で登ってしまいがちですが、腕が疲れると、握力も弱まり、滑りやすくなります。鎖場では、片手で岩を持ち、片手で鎖を持つようにすると安定します。鎖に完全に体重をかけるのではなく、あくまでもバランスをとるための補助として使いましょう。

足元がおろそかにならないように注意

万が一落ちたら命取りになりかねない鎖場。足にしっかり体重をのせ、バランスを保つよう気をつけること。

コツははしごにしがみつかないこと

LADDER

腕を伸ばして、はしごから体を離すようにするのがポイント。一段ずつ確実に登って。

2 はしご場も３点確保が基本

鉄のはしごがかかっているはしご場も、登り方の基本は岩場と同じ。３点確保で進みます。特にはしご場では、高度からくる恐怖で腕を曲げてはしごにくっつきすぎてしまいがちです。進む方向も見られないし、足も上げにくくなるのでかえって登りづらくなります。怖くても意識的に体を岩から離して登るのがポイントです。

3 一人ずつ登ること

鎖やはしごは危険箇所に設置された補助器具です。ここでは事故を防ぐため、一人ずつ登りましょう。登山者が多すぎて渋滞しているはしご場もありますが、焦らず自分のペースで進むこと。待っている間はよそ見をせず、前にいる人の動きをよく見て。もし上から物や石などが落ちてきたときにも、よけやすくなります。

人気の山では渋滞も発生!?

CRAGGY

待っている間は、前の人の登り方を見て動きの参考にします。まわりの様子をよく見る観察力も鍛えて。

Check!

ザレ場・ガレ場の歩き方

SHORT STEPS

1 小またでていねいに歩く

急斜面と同様に
足幅はせまくする

固い地盤の上に細かい石がのっているザレ場は、滑りやすく転倒しやすい場所。「山道は小またで」の基本を忠実に守って歩いて。靴底と地面を密着させ、摩擦で滑りを防ぐこと。斜面に岩が重なっているガレ場では、焦って浮き石を踏まないよう注意。バランスを崩して転倒し、大きなケガにつながる危険性もあります。

細かい砂利が滞積しているところをザレ場といいます。滑りやすいので小またで。

ROCK STREWN

ガレ場ではコースを
よく見て歩いて

尖った岩が多く残っているところは人があまり通らず、浮き石も多くあります。何事も観察が必須！

2 埋まっている岩をうまく利用する

ザレ場では、埋まって動かない岩に足をかけると安定します。足元をよく見ながらそのような岩を探して。慣れてくると、だんだん見極められるようになってくるはず。ガレ場はよく観察すると、人が多く歩いた部分は白っぽくなっているなど、歩きやすい場所がわかってくることも。踏みあとから外れると浮き石が多く、落石の危険が高まります。

SIDEWAYS

3 下りが怖いときは横を向く

ザレ場やガレ場は、特に下りが危険。傾斜が急なことに、改めて恐怖を感じる場合もあります。そんなときは、斜面に対して横向きになるのがおすすめ。高さへの恐怖感がなくなるのと同時に、歩幅も自然とせまくなります。また、横向きのほうがひざを深く曲げなくてよいので、筋肉の疲労を軽減できるという利点もあります。

下りのほうが
難易度高し！

下りは気の緩みが事故につながる可能性も。ペースはゆっくりで大丈夫。確実に進んで。

滑りやすい場所の歩き方

ATTENTION

1 沢、苔、木の根に注意

沢は全体的に濡れていたり、滑りやすい岩などもあって転倒しやすい箇所です。転んだ場所が悪い場合は、水に落ちてしまう可能性も。山では濡れることが命の危険を伴います。また、湿ったところは苔が生えており大変滑ります。木の根っこも滑りやすいので注意が必要。足を置く場所をよく選びましょう。

森の中は
木の根がいっぱい

木の根が露出したところは、濡れているととても滑ります。思わぬところでスリップするので気を抜かないように。

登山者のための
木道こそ滑る！

自然保護のために作られているので、木道から外れるのはタブー。転倒も多いので注意を。

SLIPPERY

2 木道《もくどう》は滑りやすい

自然を守る目的や、登山者が歩きやすいようにと考えて作られた木道。湿地帯などに多くあります。足元がフラットなため、ついついスピードを出して歩いてしまいそうですが、実は滑りやすい箇所でもあります。特に雨で濡れているときは、おどろくほどツルツル！　霜が降りたときは、それ以上に危険です。とにかく小またで。

UNSTABLE

3 足元をよく確認する

ちょっとした油断が
転倒につながる

足を下ろした部分が安定しているか、滑りにくい場所か、常に気を配ること。気になる部分は足先を伸ばして触れてみるなど、確認を怠ってはいけません。突然降りだした雨が上がった後などは、ついうれしくなり足取りも軽くなってしまうもの。そんなときでも浮かれずに、小またで地面を踏みしめながら進みましょう。

慣れると余裕も出てくるはず。慣れないうちは、景色を見るときは立ち止まるなど工夫を。

まだある！　こんな危険箇所

MELTED SNOW

1 雪があるところ

雪も滑りやすく危険。夏でも標高が高いところは、まだ雪が残っている可能性があります。そういうところは、たくさんの登山者が通ることで踏み固められていたり、溶解凝固を繰り返しているため、カチカチに固まっていることもあります。雪がある可能性が高いときは、軽アイゼンを持っていくのがオススメです。

軽アイゼンは、靴に付けるスパイクのこと。爪が雪面に刺さって、雪の上でも滑りにくくなります。

バランスを保ち
注意深く通過

ヤセ尾根は両側が深く切れ落ちています。滑落しないよう、細心の注意を。

BALANCE

2 ヤセ尾根

尾根の中でも特に幅がせまい場所は「ヤセ尾根」と呼ばれ、バランスを崩して転落しやすい箇所です。前方から人が来たときには、なるべく広く安全な場所ですれ違うようにして。ヤセ尾根に入る前に人が来ることに気づいたときは、譲り合って待っておくようにしたいもの。登山者同士、気を配り合うのは山のマナーです。

STREAM

3 沢を横切る（徒《と》渉《しょう》）

徒渉とは沢を横切ること。岩を利用して渡りましょう。滑りやすい場所なので、ストックを使ってバランスをとっても OK。両手にしっかり持って体を支えます。登山靴はたいてい防水なので、少しぐらい水に入っても大丈夫。安定した場所に足を置きましょう。水量が多くて飛び石で渡れないときは靴を脱ぎます。

しっかり固定された
岩を選んで進もう

水量が少ない沢は水面から出た岩を利用して渡ります。バランスよく、スリップしないよう注意して。

水分補給は定期的に！

Chiho's Advice

試算式で１日に必要な水分量を計算する

飲水量(㎖)＝
5×体重(kg)×行動時間(h)

体重50kgの人が6時間の登山をした場合の計算式は、5×50×6＝1.5ℓ。ただし、あくまでもこの計算式は目安。体重が少ない人の場合は正確に出ないこともあります。

水筒の種類とその特徴

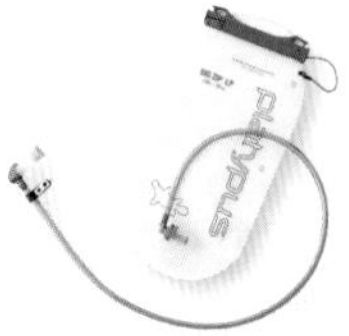

❶ 保温ボトル

温かい飲み物や、氷の入った冷たい飲み物を入れられる。甘酒、ホットコーヒー、スープなどで一息つけるのがうれしい。

❷ ハイドレーション

「プラティパス」を代表とする袋状の水筒。飲み口をチューブにすると、ザックに入れたまま飲める。たたんで収納できる。

❸ プラスチックボトル

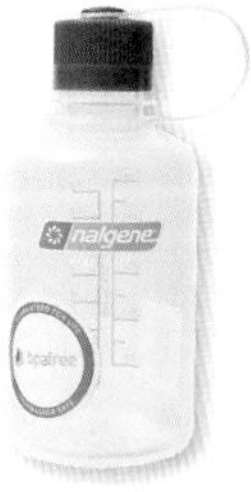

口が大きいため、飲みやすい。また、自分で作ったドリンクを入れるのも容易。保冷・保温はできない。

❹ ペットボトル

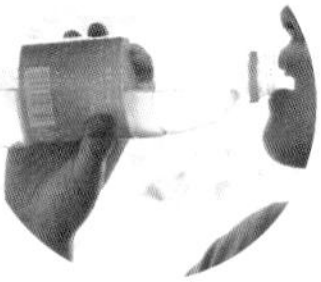

軽くてつぶすことができるペットボトルがいちおし。家から持っていかなくても、山に登る前にお店で買うことができる。

こまめに水分を取って さまざまな症状を予防しよう

人間の体の約60％は水分。１％失うとのどの渇きを覚え、５％で脱水症状や熱中症などの症状が現れます。足がつる、けいれんなどはそのサインです。

特に夏は汗をかきやすいので、15分に１回を目安に意識的に水分を取りましょう。体重50kgの人が6時間の行程の登山をした場合に、必要な水分量の目安は1.5ℓほど。季節や体質によっても必要量は変わってきます。非常用に５００㎖ほど準備すると、持っていく水分量は真夏で１日最低２ℓ。小分けにして持っていくのがオススメです。

また、前日の夜から普段より多めに水を飲んで、体調を管理しておくのもよい方法です。

意識的にとることで体調管理

1 水分の種類

水分だけでなく
塩分補給も大切

REHYDRATION

水分は自分の好みに合わせて選びます。一般的に真水よりスポーツドリンクのほうが、体に早く吸収されるのでよいといわれています。しかし中には、甘みが気になって飲めないという人も。お茶は利尿作用があるから避けたほうがいいともいわれますが、お茶が好きで飲みやすいという人はそれでもOKです。

真水で水分を取るときは、せんべいやナッツなど塩味の行動食を食べて塩分補給を。

TO SWEAT

水分不足が深刻な
事態を招くことも！

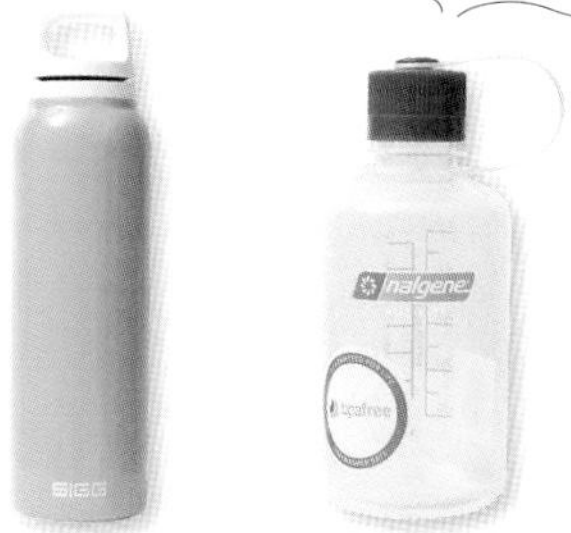

汗をかきやすい人は、さらに多めの水分が必要。ただし持ちすぎると荷物が重くなるので注意。

2 季節による水分量の違い

日帰りの登山の場合、夏は2ℓ、冬は1ℓ程度が目安。急な坂道が多かったり、荷物が重いときはいつもより汗をかくので、さらに多く持つようにします。また、人によっても必要とする水分量は違ってきます。夏は15分に1回、冬は30分に1回くらいを基本に、のどの渇きを感じなくてもこまめに補給していきます。

3 水分不足で出やすい症状

THIRSTY

仲間の様子を
お互いに確認して

水分が不足すると、体内の電解質のバランスが崩れます。頭がぼーっとしたり、判断力が低下してきたらそれは危険なサイン。その後どんどん体に症状が現れてきます。ひどいときには昏睡状態に陥ってしまうこともあるので侮ってはいけません。また、水分不足は高山病や熱中症の原因にもなるので、注意が必要です。

「のどが渇いた」と自覚したときには、すでに水分不足。自覚する前に補給するのがポイント。

商品提供：LaLaさかいや（さかいやスポーツ）

山登りの基本技術
28

しっかり休憩でパワーチャージ

歩くだけが登山ではない！休憩も楽しい時間

定期的に休憩をはさんでリフレッシュしよう

疲れすぎて歩けない……なんて事態を防ぐためにも、休憩は重要。途中の道で1時間に1回ほど、休みを入れます。休憩は長ければいいというわけではありません。休みすぎると気持ちも緩むし、体が冷えてしまうと動き始めが辛くなるので、5分くらいが目安です。

安全を確保できるところに到着したらザックを下ろし、羽織れるものを準備します。水分を取り、行動食を食べてエネルギーを補給。靴ずれや体の不調を感じた場合は、この機会にすぐに対処すること。

ガツガツ歩くだけが登山ではありません。気候のいい季節は、山頂などでゆっくりランチタイムを取るのも楽しいですね。

体をいたわる休憩の 3 ポイント

RECESS

1 休憩場所を決めておく

休憩するポイントは、登山ルートを決めるときにあらかじめアタリをつけておくのがコツ。とはいえ、急に疲れを感じたときは、臨機応変に近くに適切な場所を探します。自分たちや通過する登山者が危険でない場所を選んで、ザックを下ろしましょう。下が崖でないのはもちろん、上から落石がありそうなところには止まらないで。

イスやテーブルが置いてある場所もあり

なるべく広くて安全な場所を選んで休憩しましょう。植物があるところは傷つけないように配慮して。

RETAIN HEAT

2 体を冷やさない！

立ち止まったときはまだ温かいけれど、休んでいるとだんだん体が冷えて寒くなってきます。ザックを下ろしたらすぐ、羽織れるものを取り出しておくこと。グループにバテている状態の人がいるときは、すぐに動きだせないこともあります。そんなときは引き返す、近くの山小屋に宿泊するなど予定を変更することも大切です。

体が冷えると熱効率に影響する！

休憩時はまわりの様子も確認し、お互いに声をかけ合って。無理にペースを合わせるのは禁物です。

ENERGY

3 エネルギーを上手にチャージ

疲れがひどいときは、まず糖分を含んだ飲み物を。その後、行動食を補給して様子を見ます。バテているときは食欲が低下し、固形物がのどを通らないことも。ゲル状のエネルギー食品は食べやすく、吸収も早いので念のため一つ持ち歩いて。アメなどを口の中に入れているうちに、何か食べられるようになることもあります。

こまめに行動食を取るのが大事

水分や糖分、塩分の補給は意識的に行うこと。体調がおかしいなと感じたら、すぐに仲間に伝えて。

Column 3

自分の体力を過信しない

山登りはタイムを競うものではありません。コースや歩行時間の計画を立て、それを目安に自然を楽しみながら登るのが、山の魅力を感じる方法です。よく早歩きして登山者を追い越していく人を見かけますが、そんな人がその先でバテていることもあります。昔運動をしていたから大丈夫！と思っていても、体力は知らないうちに落ちているかもしれません。

大切なのは自分のペースで歩くこと。またそれと同じくらい大切なのが、こまめな休憩をとること。歩行スケジュールに入れていなくても、疲れる前に小休憩をとり、のどが渇く前に水分補給をしましょう。自分の体力を過信せず、歩行ペースを意識し、休憩のタイミングをはかってください。

疲れる前に
休憩をすること！

Part 4

山での楽しい過ごし方

山の魅力は、歩くことだけでなく、自然との触れ合い、おいしい物との出合い、心の癒しなどさまざま。いろいろな楽しみ方を紹介します。

頂上に到着
じ〜ん
ぐぅ〜
おなかすいたね！
はい…
ちょっと用意するね
ハーイ
えーとおにぎりはどこかな？
ゴソ
ゴソ
下のほうからやっと見つかった！でも…
ザックの中でつぶれて・・・ぺちゃんこ・・・

フウコちゃん できたよ～
わあ！
キャー
すごーい チホさん これどうやって 持って きたんですか？
今 作ったん だよ～
えっ どう やって？？
持参方法も いろいろ コツが あるの
ん おいし
フハー
山で食べると また格別に おいしい
まんぷく です
でも自分の おにぎりも 食べちゃお
荷物軽く したいし
もぐ もぐ
そして 私が 重くなる…
おなか いっぱい
フウ フウ

大自然を満喫しよう

山には自然がいっぱい

山で見られる動植物

ミツバツツジ

4〜5月に咲く春の山を代表する花。赤紫色の花が目をひく。

ライチョウ

一年を通じて同じ地域(高山に棲む)にいる。登山者に人気の鳥。

ベニテングダケ

高原に生える毒性を持った菌類。キャラクターのモチーフでも有名。

ヒョウタンボク

7〜8月に白い花を咲かせ、9月頃に赤い実を付ける落葉低木。

リンドウ

日本各地の野山でよく見かける。秋に鮮やかな青紫色の花を咲かせる。

日常生活では見られない動植物と雄大な景色

山では日常生活では思いもよらない景色を見ることができます。平地では雲や雷は見上げるものですが、標高の高い山では足元に雲が広がり、稲妻が光っているのが見えるのです。まわりに遮るものがないため、遥か彼方の地平線も見渡せます。

自然の移り変わりを目や耳、肌で感じられるのが山登りの醍醐味です。休憩などで立ち止まった際は、山でしか見られない植物を探したり、さまざまな野鳥のさえずりに耳を澄ませてみましょう。

また、普段より時間の流れがゆっくりに感じられる自然の中で、自分と向き合い、凝り固まっていた気持ちをほぐせば、心身ともにリラックスできます。

Check!

自然を楽しむポイント

SEASON

1 季節を感じる

山は平地に比べて冬が長く、春夏秋が短め。雪解けと同時に花が咲き、9月の初め頃には、標高の高い山や北海道の山では紅葉が始まります。同じ山でも1か月後に登ると、見られる動植物や景色が全く違ってきます。一つの山にそれぞれの季節ごとに登り、景色の移り変わりを楽しむのもオススメです。

春夏秋は、山のベストシーズン

山の春夏秋は短いですが、絶好のシーズンです。たくさんの動植物が見られて、いろいろな発見も。

FRAGRANCE

2 植物や木の匂いを感じる

山の場所や標高によって生えている植物は違います。日本の山でよく見られるカツラの木は、秋になると葉が黄色く色づき、砂糖を焦がしたような香りがします。本州に広く分布するシラビソの葉は、すがすがしい柑橘系の香りです。また、夏のお花畑で見かけるクロユリは、実は匂いがきついんですよ。

いろいろな木の特徴を楽しもう

はじめて見る植物の種類を調べるには、ハンドブックやスマホのアプリを活用するのがオススメです。

SOUND

3 自然を見て、音を聞く

山に生息する動植物や自然の奏でる音を聞くことは、危険を察知するという意味でもとても大切です。野鳥たちが鳴き止むと雨が降り始め、雨が降った後の沢は水かさが増して流れが急になり、水音が大きくなります。登山を楽しみながらも、自然の変化に注意を向けて感覚を研ぎすませていましょう。

音を聞くことで危険も察知

静かな山の中では落ち葉の上を歩く動物の足音、野鳥の鳴き声、川や沢の水音などが聞こえます。

山でクッキングを楽しむ

温かい食事&飲み物で疲れた体をリフレッシュ

ランチタイムは山登りでの楽しみの一つ。コンビニおにぎりで済ませるのもよいですが、せっかくなので簡単な調理にチャレンジしてみてはいかがでしょう。温かい食事や飲み物は、疲れた体を癒やしてくれます。

調理に必要な道具は、アウトドア用コンロにガスカートリッジ、お鍋の役割をするクッカー（コッヘル）があれば○K。

ほかに、食器やマグカップ代わりに使えるシェラカップ、カトラリーがあると便利です。荷物は少々増えますが、楽しみは増大。持っていく道具は料理のメニューや人数、登山スタイルに合わせて選びましょう。メーカーによってサイズや重量が違います。

楽しくおいしく食べるために！

1 安全に気をつけよう

調理にガスバーナーは必要不可欠ですが、火の取り扱いには十分な注意が必要です。休憩をとる場所に机やベンチがなく、地面で調理する際は、倒れないように、周囲に燃え移らないように注意。また、いざというときのために、消火用の水は必ず用意しておきましょう。

ガスバーナーがあれば調理の幅が広がります。カートリッジ式のタイプなど種類も豊富。取り扱いには細心の注意を。

持参する水の量を減らすために、あらかじめ家などで調理しておく方法もあります（次ページ参照）。

2 水は節約しよう

山での人気メニューにスパゲティが挙げられますが、ゆで汁を捨てるのはNG。ゆで汁を利用して、スープスパゲティにしましょう。即席ラーメンの場合も最初から汁を薄く作るなどして、汁は最後まで飲みきるようにしたいもの。山によっては水場があるところも。その場合は水を軽量化できますが、使えるかどうか事前によく確認して。

HALF COOKING

3 半調理して持っていこう

山での調理には半調理食材を利用しましょう。野菜は皮をむき、食べやすい大きさにカットしておく。魚や肉は下味を付けたり、火を通すと傷みにくいです。火の通りにくい食材は、温めるだけにしましょう。よぶんなものを持っていかず、ゴミを出さず、調理の時短にもなるのでオススメ。

ジッパー付きの保存用袋を活用します。荷物はできるだけコンパクトかつ軽量を心がけましょう。

簡単！　アイディア山レシピ

トッピングは
お好みで

1 クレープ (8～10枚分)

❶ホットケーキミックス、卵、牛乳をジッパー付きの食品保存用袋に入れ、よく混ぜて生地を作ります（写真下）。❷フライパンを熱して薄く油をひき、生地を流し込んだら、手早く全体に広げます。このとき、生地を入れた袋の角を切って注ぐと便利です。❸表面が乾いてきたら裏側を焼けばクレープのできあがり。

プラス フルーツやクリームなどをのせて。

材料
- ホットケーキミックス……100g
- 卵……2個
- 牛乳……200cc
- 油……適量
- 好みのフルーツ……適量
- ホイップクリーム……適量

FRENCH TOAST

材料
- バゲット……1/2本
- 卵……1個
- 牛乳……150cc
- 砂糖……大さじ3
- バター……30g
- ハチミツ……適量

2 フレンチトースト (2人分)

❶ジッパー付きの食品保存用袋に卵、牛乳、砂糖を入れて、よく混ぜます。❷その中に厚めに切ったバゲットを入れて、卵液をよくしみ込ませます。保存用袋を使うことでクッカーを汚さず、バゲットにムラなく、均一に卵液がいき渡ります。❸フライパンを熱してバターを溶かし、浸したバゲットをこんがり焼きます。プラス 仕上げにハチミツをかけてもGOOD。

卵専用の
容器もある

CHEESE FONDU

3 チーズフォンデュ（2人分）

❶クッカーに溶けるチーズと牛乳を入れて、ゆっくり加熱します。このときクッカーの内側にアルミホイルをかけておくと、溶けたチーズがこびり付かず、後処理がラクです。❷チーズが溶けてとろみが出たら、バゲットやゆで野菜をからめます。プラス 持参した牛乳を白ワインに替えたり、コショウやニンニクを加えるなど、好みでアレンジできます。

材料
溶けるチーズ……150g
牛乳……大さじ2
バゲット……1/3本
好みの野菜やウインナー……適量

野菜やウインナーは
家でゆでて持参

山では
温めるだけでOK

材料
鶏ひき肉……200g
ホールトマト……400g
玉ねぎ……1個
にんじん……1/2本
しょうが……1片
にんにく……1片
カレーフレーク……1/3袋
水……300cc
カレー粉……大さじ1

QEEMA

4 キーマカレー（4人分）

❶玉ねぎ、にんじん、しょうが、にんにくをみじん切りにして炒めます。❷玉ねぎがアメ色に変わったら鶏ひき肉を加えてほぐしながら炒めます。❸ホールトマトを加え、水分を飛ばすように炒め煮に。カレーフレークを入れてなじんだら火を止めます。❹粗熱をとって保存用袋に入れて山へ持参しましょう。
プラス 食べるときに水を加えて温め、カレー粉で香りをプラスして。

Check!

お好みの記録方法で思い出を残す

山での楽しい過ごし方
31

山の思い出を残そう

1 山の思い出ノートを作る

分岐点では必ず
地図をチェック!
普段見ることのない
珍しい植物が

助け合いで
絆も深まったよ!

雄大な景観に時が止まる
気持ちいい〜♪

楽しかった思い出をさまざまな手法で残す

山に行った後、ツイッターやインスタグラムなどのＳＮＳで思い出や情報を発信するのも楽しいものです。そのためにも、山を歩いているときは写真をたくさん撮っておくようにしましょう。美しい自然の風景はもちろん、山道の分岐点や指示の書かれた看板などの情報も撮っておくと、後で確認ができて便利です。スマホのカメラなら、手軽にメモ代わりに使うことができます。

たくさんの人と情報をシェアできるＳＮＳのほかに、自分だけの思い出ノートも作ってみてはいかがでしょう。少しアナログな方法に思えますが、テキストを打つより、文字で書いたほうが記憶に残るのでおすすめです。

SOCIAL NETWORKING SERVICE

2 SNSに残す

ツイッターやブログ、フェイスブックなど、さまざまなSNSがあります。SNSの利点は、たくさんの人に見てもらえ、情報を共有できること。特にツイッターは誰もが見られるツールなので、山で現状報告をしておくと、万が一のときの足跡になりますし、同じ山に登っている人への情報提供にもなります。

使い分けがオススメ

山ではツイッターやインスタグラム、帰宅後にブログ、と書き分けるのも◎。山で撮った写真などと一緒にアップするのがオススメです。

体感したリアルな情報を発信！

いつも利用しているコミュニティーから情報を得るだけでなく、自分からクチコミを発信してみましょう。登山仲間が増えるかもしれません。

WORD OF MOUTH

3 ネットにクチコミを投稿

ネット上には山登り関連のコミュニティーがたくさんあります。リアルタイムの情報が得られるため、活用したことのある人は多いと思います。実際に山へ行き、自分で見てきたこと、感じたことを、今度は同じ山好きの人たちに発信してみましょう。自分の発信した情報が人の役に立つのはうれしいことです。

Memo

ピンバッジ・御朱印・スタンプ・焼き印

山のお土産で定番なのは、その山がデザインされたピンバッジ。500円程度で山小屋や麓の売店で購入できることが多いです。登った山の記念として集めるのも楽しいですね。また、神社のある山で御朱印をいただいたり、富士登山で金剛杖に焼き印を押してもらったり。自分なりのコレクションで思い出を残すのもいいでしょう。

オリジナルバッジを集めて山の思い出に。

山での楽しい過ごし方

32

山で写真を撮ろう

登山者のみに与えられる
瞬間をカメラに残そう！

たくさん写真を撮って思い出や記録を残す

山にはたくさんのシャッターチャンスがあります。写真を撮ることは、思い出を残すだけでなく、その山行の記録にもなります。手軽なスマホやコンパクトデジタルカメラ（コンデジ）を利用して、たくさんの写真を撮っていきましょう。

　写真を撮るときに気をつけたいのが手ブレとアングルです。ほとんどのコンデジに補正機能が付いていますが、ストラップを付けて首にかけておくと、首と両手で支えられるので手ブレを抑えられますし、カメラの落下も防げます。また、山では雄大な自然や小さな高山植物、人物とさまざまな被写体がありますので、それぞれに合ったアングルで撮影すると、より素敵な写真になります。

いろいろな自然の撮り方

1 人物は太陽を背にして撮る

心に触れたものをパチリ

写真は、基本的にカメラマンが太陽を背にして撮ります。特に人物を撮るとき、被写体側に太陽があると、人物の顔が暗く写ってしまうためです。これを逆光といいます。しかし、被写体が風景などの場合は別です。太陽の光や、その光から生まれる影を上手に撮れれば、立体感のある写真になります。

人物を逆光で撮るのはオススメできませんが、風景は別です。光と影を上手に利用しましょう。

2 思い切って接写する

CLOSE UP

10cmくらいまで近づいてみる

接写で撮る場合、ピントを合わせる場所を変えるだけで、まったく印象の違う写真になります。

山道の脇などに生えている高山植物は、小さくかわいらしいものが多いです。被写体が小さいものの場合、接写モードで撮ってみましょう。遠目ではわからなかったディテールまできれいに写せます。また、花の場合は花弁ではなく、中心のめしべやおしべにピントを合わせると雰囲気のある写真が撮れます。

3 空は少なめに入れる

空を思い切りカットして！

山のダイナミックさを写真に残すには、空を少なめにし、山を大きく入れるのがポイントです。横位置のアングルは山の雄大さ、縦位置は山の高さを演出できます。その際、あえて太陽を端のほうに入れて撮ると、写真に光線が映って幻想的な雰囲気が出せます。ほかに、池の水面に映った山を撮るとおもしろい写真になります。

縦でも横でも、山が画面いっぱいになるように入れましょう。山の雄大さ・優美さが表せます。

便利なスマートフォン

山でもスマホが大活躍！ 便利ツールを使って楽しもう

Chiho's Advice

スマホの電池切れ対策

電池の切れたスマホは、山で無用の長物に。山で充電はできないので、必ず予備のバッテリーを持っていくようにしましょう。

スマホは山でも必需品。電池切れ対策は万全に

日常生活ではもちろん、今や山でも手放せないのがスマホです。写真撮影に天候チェック、緊急時の連絡など、その用途はいろいろ。スマホは気温が下がると電池の減りが早くなるので、寒いときはなるべく肌に近いところに入れて持ち歩くようにするとよいでしょう。

また、電波の弱い場所では、電波をキャッチしようとするため、普段より早く電池が切れてしまいます。スマホを使わない場所では電源を切ったり、機内モードにしておいたりするのがベターです。

Check!

おすすめスマホアプリ

LOCATION

1 自分の位置を確認

スマホの画面が地図に！

電波が届かなくても、GPSで現在の位置を知ることができるアプリがいくつかあります。iPhone・Androidに対応しているアプリ「YAMAP」（無料）は、今いる山の詳細な地図に現在地が表示されます。「山と高原地図」（無料）も両キャリアに対応。ただし、山ごとの地図に課金が必要になります。

「山と高原地図／昭文社」。登山地図がスマホで見られ、GPSで現在地確認や歩いた軌跡も残せる。
※必ず紙の地図と併用すること。
https://www.mapple.co.jp/product/yamachizuapp/

歩いた跡が見られて充実

「ヤマレコ」。地形図がスマホで見られ、歩いた軌跡も残せる。
https://www.yamareco.com/yamarecomap/

RECORD

2 足跡や記録を残す

登山の記録がつけられるアプリ「ヤマレコ」（無料）が両キャリアに対応。ほかに、「山旅ロガー」（Androidのみ対応／無料）は、GPSを使って移動ルートを記録測定できます。移動距離や平均速度のほか、出発＆到着時間もログできる「やまやまGPS」（iPhoneのみ対応／無料）もオススメです。

INVESTIGATE

3 山や天候を調べる

天候変化もこれで先読み

山の天気は変わりやすいもの。家を出る前には山付近の天気予報をしっかりと確認しておきましょう。忘れてしまった場合は「Yahoo! 天気・災害」をはじめとした気象予報アプリを活用するのがよいでしょう。

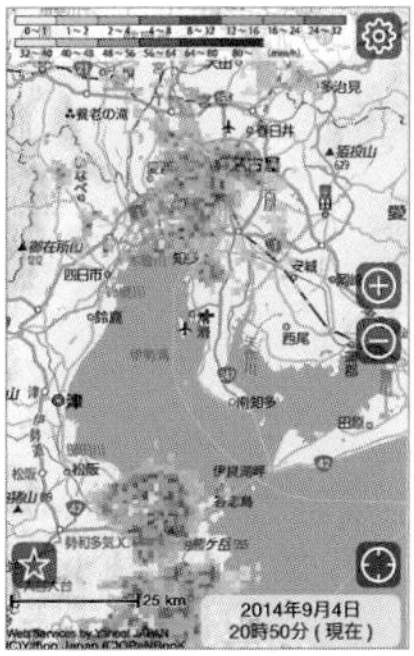

「アメフリ」。ピンポイントで雨雲の様子が見られる。雷雨がくるかどうかの予想や天気の先読みに。
https://www.appbank.net/2014/11/12/iphone-application/923781.php

山小屋ってどんなところ？

一般的な山小屋の間取り

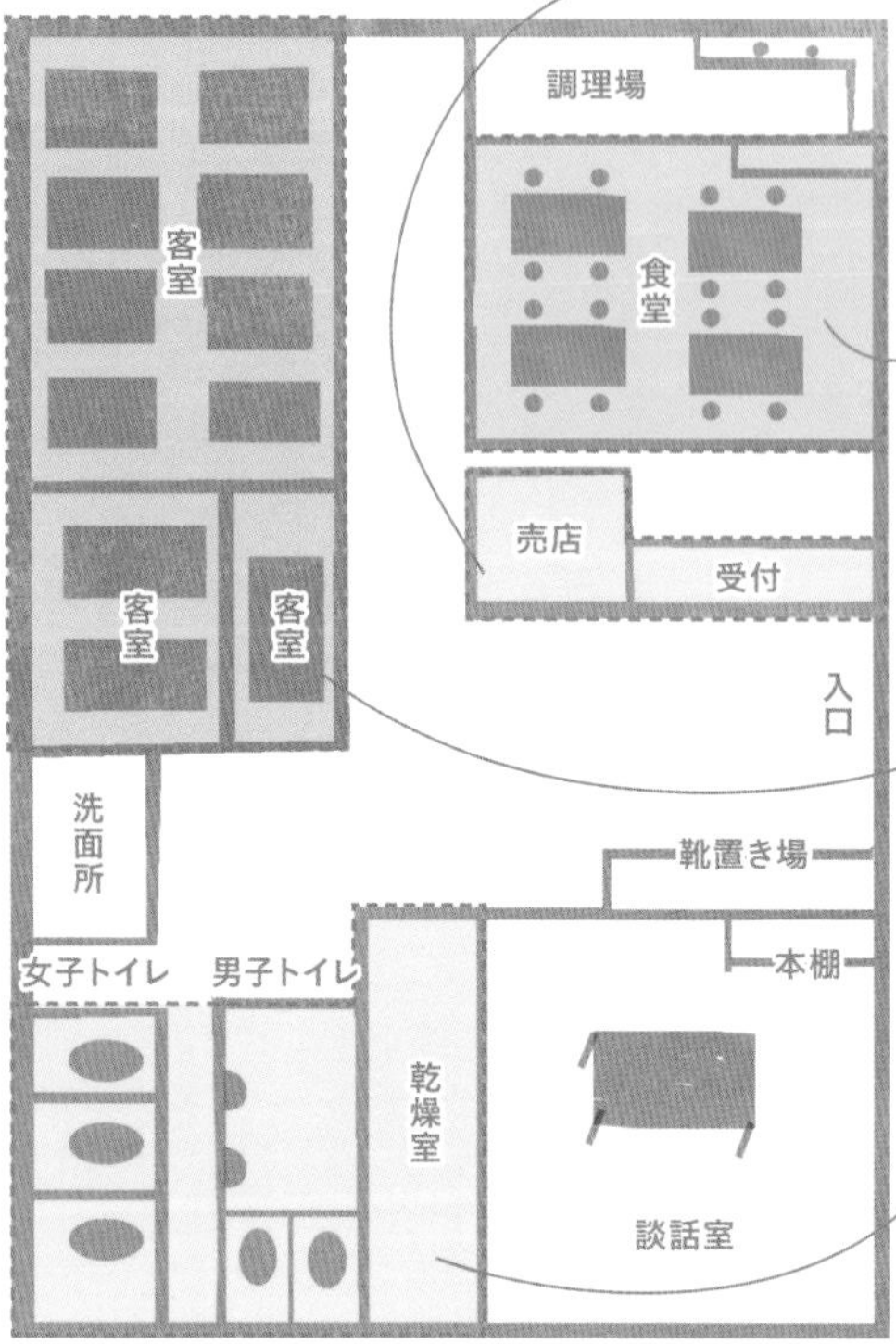

❶ 売店・受付

山小屋に入るときは登山靴をはじめ、ウェアの汚れを落とします。玄関を入ると受付がすぐにあります。宿泊は事前に予約を。売店だけの利用もできます。

❷ 食堂

朝食、夕食を提供しています（山小屋によって違いあり）。山小屋によっては旬の食材や地元の食材を使った料理を出しており、登山の楽しみの一つです。

❸ 客室（寝室）

個室、大部屋など広さはさまざまです。ベッドがある山小屋もあります。翌日の登山に合わせて就寝時間が早いので注意しましょう。

❹ トイレ・乾燥室

トイレはティッシュを分別しているところもあります。特徴的なのは多くの山小屋に乾燥室があること。雨の日は混雑します。お風呂のある山小屋も。

ルールは山小屋によって違うので、事前に確認を

山小屋を利用する際は、基本的に予約が必要です。予約を入れるときには、山の様子や登山道など、最新の情報を聞くとよいです。ただし、山小屋の就寝時間は早いので、電話は21時以降は避けるようにしましょう。

コロナ禍以前は、相部屋が基本でしたが、最近はプライベートスペースを重視する施設も増えています。追加料金を払えば、個室を使える山小屋も。あらかじめHPなどで調べておくとよいでしょう。

山小屋によって、トイレの使い方やお風呂の有無、食事内容、ゴミの持ち帰りなどのルールが違うため、事前に調べたり予約の際に聞いておくと安心です。

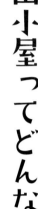

Check!

観光気分も味わえる山小屋のサービス

DELICIOUS FOODS

1 食事が充実

山小屋では休憩、食事、睡眠（宿泊）といった基本的なサービスを受けられます。基本的に近くに水場がなく、お風呂に入れないところが多いですが、中には温泉のある山小屋もあります。食事内容も山小屋によって違います。メニューにこだわっていたり、翌日のためにお弁当を作ってくれる山小屋もあります。

疲れが吹き飛ぶ
おいしいご飯♪

特に夕食に力を入れている山小屋が増えています。特産品を使った絶品料理が出されるところも。

お土産を
買えることも！

運搬費が含まれるため、値段設定は少し高めになっています。お土産を売っている山小屋もあります。

SNACK AND DRINKS

2 売店ではビールやお土産もある

ビール（350mℓ缶）￥600、ペットボトルの水（500mℓ）￥400など価格は高め。これは山の上までの運送費が含まれるから。ほかにスナック類が売られています。お土産としては手ぬぐいやピンバッジ、絵ハガキ、Tシャツなどが売られています。

BOTHY

3 山小屋と避難小屋の違い

営業山小屋はスタッフがいて、有料で食事や寝具の提供があります。それに対して避難小屋は天候悪化や体調不良などのアクシデントがあったとき、一時的に避難することを念頭に作られたもの。ほとんどが無人ですし、寝具がないことも。避難小屋の中には非常時以外は宿泊禁止のところもあります。

緊急時に
避難する場所

避難小屋は一時的に避難する場所として作られているので、最低限の施設のところがほとんどです。

山小屋の魅力とは

普通の旅行では味わえない山ならではの宿泊

オーナーや立地で違う山小屋の雰囲気

山小屋と聞くと、トイレやお風呂などの水問題、質素な食事、大部屋で雑魚寝……といったことを思い浮かべるのではないでしょうか? 確かに、以前はそういうところもありましたが、多くの山小屋でさまざまな面が改善され、快適に過ごせるようになってきています。山小屋はそれぞれ雰囲気が違います。たとえば、北アルプスにはスイスアルプスの山小屋のようなおしゃれなところがあったり、八ヶ岳には昔ながらのランプを使った雰囲気のよい山小屋があります。

山小屋に泊まると、朝夕の自然の劇的な変化が体感できたりもします。日帰り登山では見られない山の表情を楽しみましょう。

Check!

日常にない山小屋の魅力をチェック！

ATMOSPHERE

山小屋に泊まって
自然を満喫！

1 山小屋の雰囲気を楽しむ

大きく様変わりしたとはいえ、やはり山小屋での生活は普段と違うものになります。多少、不便さを感じても、夜、満天の星を眺めながらお酒を飲んだり、日の出前に起きて、朝日を浴びながらコーヒーを飲んだり……と豊かな自然の中で過ごす贅沢な時間は、何にも代え難いものになるはずです。

山小屋に泊まるスペシャル感や、大自然の中で過ごす時間を楽しみましょう。

TALK

出会いを
大切に！

大きいところでは、100人以上が泊まれる山小屋もあるので、登山仲間が見つかるかもしれません。

2 ほかの登山者との交流

多くの人が利用する山小屋では、人との出会いもあります。食堂や談話室などで会った人に思い切って声をかけてみましょう。同じ山に登っている者同士、会話も弾むはずです。相手が山登りの先輩だったら、ほかの山のことも聞いてみましょう。山小屋での出会いが一期一会になるかは、あなたしだいかも。

EVENTS

山小屋を2倍
楽しむ！

3 イベントに参加する

山小屋では、季節ごとにイベントを企画しているところがあります。たとえば、北アルプスにある山小屋『燕山荘《えんざんそう》』では、夏にクラシックコンサートが行われたり、秋には「秋の紅葉とケーキフェア」が開催されています。

北アルプスの燕岳《つばくろだけ》にある「燕山荘」で行われている「秋の紅葉とケーキフェア」の様子。

山小屋での過ごし方

山小屋でのスケジュール

15:00

山小屋到着(受付)

山小屋到着の目安は15時。着いたら、受付で料金を支払います。

17:30~18:30

夕食

食堂へは早めに行くのがベター。混雑時は交代制になることも。

21:00

就寝

枕元にヘッドランプを置いて寝ると安心です。

5:00~6:30

起床・朝食

朝食の30分前には起きて、身支度を整えてから食堂へ行きましょう。

7:00

出発

荷物の確認を済ませたら出発です。くれぐれも忘れ物のないように！

普段の生活より早い山小屋タイム

山小屋のチェックインは15時までを目安に。夕方以降は暗くて、山歩きが危なくなり、夏は夕立に遭う恐れがあります。山小屋でやっておくことも意外とあるので、なるべく早い時間に到着するのがベターです。

部屋に案内されたら荷物を置き、ウェアや登山靴のメンテナンス、翌日の準備、お風呂のないところでは汗ふきシートなどで体をふいておきます。夕食後はホッとひと息タイムです。娯楽室でおしゃべりしたり、星空を見たり、お土産を買ったりもできます。

ほとんどの山小屋は20~21時に消灯します。夜中にトイレに行きたくなった場合に備え、枕元にはヘッドランプを置いておきましょう。

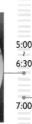

山小屋でのマナー

1 ウェア類の汚れを落とす

まず、山小屋に入る前に、アウターや登山靴の汚れを落とします。途中、雨に遭った場合、濡れたアウターなどは部屋に持ち込まず、乾燥室にかけておくように。部屋では、緩めのウェアやロングスカートなどに着替えて過ごすのもよいでしょう。荷物を減らしたい人は、翌日着る服で寝ても OK です。

建物や部屋を汚さないように、登山靴やウェアの土と汚れをなるべく落としてから入りましょう。

有料で携帯電話の充電ができるところもあります。基本は自分で充電器を持っていきましょう。

2 節電・節水を心がける

多くの山小屋では水や電気は貴重です。スマホの電池が切れたからといって、勝手に充電するのはやめましょう。もちろん、ドライヤーも使えません。水の出しっぱなしも NG です。ハミガキや洗顔のために使用できる水はありますが、飲み水に向いていないことも。また、環境に配慮し、石けんやハミガキ粉の使用は控えましょう。

3 まわりの人に配慮する

基本的に相部屋ですので、人の迷惑になるような大声を出さないよう配慮しましょう。気をつけたいのが、着替えなどをスーパーのレジ袋に入れて持ってくること。あのシャカシャカ音は、意外と耳障りです。また、山登りの最中、クマよけのベルをザックに付けていたときは、部屋では必ず外しましょう。

山小屋の就寝は早いです。消灯したら物音を立てずに、次の日に備えてしっかり寝ましょう。

山の夜空の星は
手を伸ばせば届きそう

山での楽しい過ごし方
37

星空を見るのも◎

たくさんの星が瞬く夜空は山の魅力の一つ

山小屋でもキャンプでも、山で夜を過ごす際は、ぜひ空を見上げてみてください。都会では見られない、満天の星が広がっています。よく「手を伸ばせば届きそう！」、「まるで星が降ってくるみたい」という言葉を聞きますが、それを実感できます。美しい星空を見るために山に登る人もいるくらいです。

星空観測は、星が見えにくい満月の夜は避けたほうがベター。それほど冷え込まない夏場が最適です。夏の流星群の時期でしたら、たくさんの流れ星を見ることができます。天の川もくっきりで、あまりの星の多さに星座がなかなか見つからないほど。星に交じって、動いている人工衛星が見えることもあります。

ロマンチックな星空を求めて

1 流星群に合わせて山登り

一年のうちに何回か、流星群が見られる時期があります。その年によって少し時期が違いますので、下調べが必要です。星空観測に最適な夏は、「やぎ座流星群」と「ペルセウス座流星群」を見ることができます。街の光の届かない夜空を、たくさんの星が流れていくさまは、まさに空から星が降ってくるかのように感じられます。

暗闇の中で空に瞬く星。地上ではなかなか味わえない景観は、宿泊登山の醍醐味です。

スマホのアプリを利用して星の勉強もよいでしょう。世界観が変わるかも。

2 星座アプリを活用する

事前に星空観察用アプリをダウンロードしておくと便利。星がありすぎて星座が探せないという人には、「88 星座図鑑」（無料）がおすすめ。アプリを起動して空にかざすだけで、そこに見える星座が画面に映し出されます。

3 ナイトツアーに参加

山小屋が企画する「星空観察会」や「ナイトハイク」に参加してみるのもよいでしょう。地元の人のみぞ知る、穴場スポットに案内してもらえるかもしれません。ほかにも、山で運行するロープウェイ会社が企画するナイトツアーがあります。山小屋に泊まらなくても星空が見られるのでオススメです。

暗闇の山は危険が伴うので、地元の人や専門家と一緒なら安心です。

山での楽しい過ごし方

38

山のパワースポット

神社以外にもある山のパワースポット

　昔、ヨーロッパなどでは、山は悪魔が棲んでいる場所として恐れられていました。しかし反対に、日本では山のような高いところは神様が降りてくる場所と考えられていたり、山そのものを御神体とする信仰があったりと、山を崇めてきました。

　このように山を崇拝の対象とすることを山岳信仰といいます。その最たる存在は、やはり富士山です。ほかにも、筑波山《つくばさん》や三輪山《みわやま》などが有名です。

　山岳信仰が根付く日本の山では、神社を多く見かけます。山岳信仰の神社以外にも、大木（古木）や岩、滝など、山には多くのパワースポットがあります。立ち寄った際は、パワーチャージさせてもらいましょう。

パワーチャージできるところ

1 有名な山岳信仰神社

神々しさが倍増する！

SHINTO SHRINE

とりわけ強い力を持つとされているのが、「日本三霊山」と呼ばれる富士山、白山《はくさん》、立山です。富士山の頂上には浅間大社《せんげんたいしゃ》、白山の頂上に白山比咩《しらやまひめ》神社《じんじゃ》、立山に雄山神社《おやまじんじゃ》があります。このほかに、山自体が御神体になっている筑波山、御嶽山《おんたけさん》は、登ることでパワーが得られるかもしれません。

日本の山では、よく神社を見かけます。登山の際は、ぜひ立ち寄って、お参りしていきましょう。

2 滝の前で深呼吸

すがすがしい気分になる！

WATERFALL

有名でなくても、水しぶきを上げる滝の前で深呼吸すれば、心身ともにリフレッシュできます。

水には浄化作用があるとされています。水しぶきを上げる滝の前で深呼吸するだけで、気持ちが清らかになったり、軽くなったりします。世界遺産でもある富士山の雪解け水が流れ込む「白糸《しらいと》ノ滝」は悪い運気を払い落としてくれるといわれています。同じく、富士山の近くにある「母の白滝《しらたき》」も有名です。

3 木のパワーを感じる

大木からパワーを得る

POWER OF TREES

奥多摩にある御岳山《みたけさん》の神代《じんだい》ケヤキに代表されるように、木には不思議なパワーが宿ります。ただ眺めているだけで神聖な気持ちになれますし、手をかざせば、そのパワーを感じとることができるかも。木々の香り成分はフィトンチッドと呼ばれ、アロマオイルにも使われるなど、体をリフレッシュさせる効果があることがわかっています。

何百年も生き続けている巨木は、手をかざすだけでも、そのパワーを感じることができそう。

Column 4

子ども連れの山登り

お子さんがいらっしゃる、山好きのお母さんでしたら、いつか一緒に行きたい！と思いますよね。私も幼いとき、山好きの両親に山へ連れて行ってもらったことが登山のきっかけです。そして、山の大自然の中でいろいろな経験をしたことで、山が大好きになりました。

安定した一人歩きができる5歳くらいのお子さんでしたら、一緒に登山が楽しめます。行程が短くて危険な場所のない山を選びましょう。万が一のことを考えて、歩かずに下山できるロープウェイのある山にしたほうがいいかもしれません。

お子さんの装備はウインドブレーカーの上下に運動靴、遠足用のザックでＯＫです。ただ、替えのシャツと下着類は持って行ったほうがいいでしょう。

お子さんのペースに合わせて、ゆっくり登ることを心がけ、無理せず、飽きさせず、楽しくをモットーに、家族の素敵な思い出を作ってくださいね。

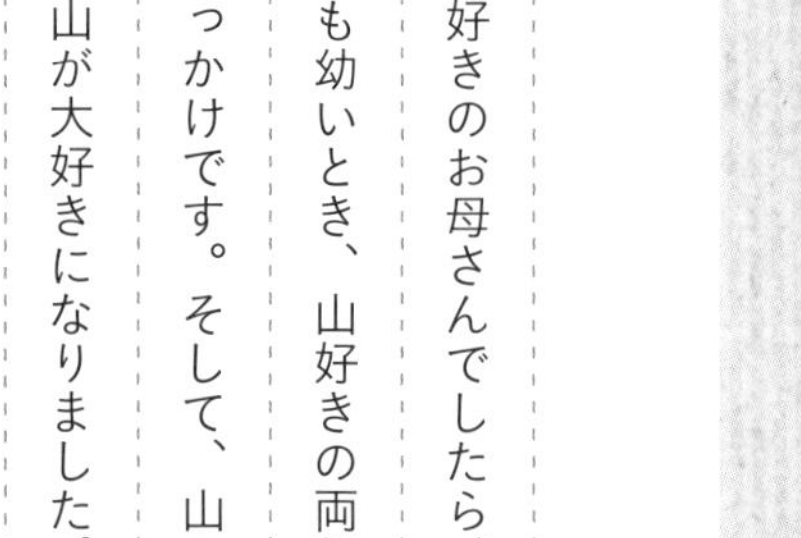

ゆっくりペースで
登山しよう!

Part

5

山での
ピンチと対策

地形や気候が普段の生活の場とは違う山。危険箇所、よくあるトラブルを知って、いざというときに適切な対応ができるようにしましょう。

下山中…
あっ雨
レインウェアー
イエーイ バッチリ
フフ 活躍して よかったね
でも 小雨だから すぐやみそう かな
足元 気をつけてね
あっ やんだ
チ、チホさん… お手洗い 行きたいんですけど
まってるね
ゴソゴソ

…?
なにかがおしりについてる…?
ぬれた葉っぱがくっついてるのか…
!
…っ
ギェ〜
どうしたのフウコちゃん!
な、なんかへんな虫が私のおしりに〜
うひ〜
どんな虫だった?さされたりしなかった?
大丈夫?
刺されたりとかはないです
み、見たことない虫だったので…
山にはいろんな生き物がいるから
それについても気をつけるポイントがあるの
でもまだおしりに感触が残ってる〜
ケガなどの対策も知っておくと安心よ!

山の気象は変わりやすい
予定変更も登山のひとつ！

山での
ピンチと対策
39

悪天候への対策

よくある天気の急変

❶ 雨が降ってきた

雨が降るなと感じたら、実際に雨に当たる前にレインウェアを着るのが理想。

❷ 風が強まった（気温が下がった）

寒さを感じたら、重ね着を。レインウェアでも寒さや風への対策ができます。

❸ 霧が出てきた

視界が悪くなるので、ルートを入念に確認。霧雨ならレインウェアを着て。

❹ 雷が鳴っている

高い木の近くにいる場合は、速やかに退避。体を低くして過ぎるのを待つこと。

山で濡れると危険。すぐにレインウェアを

山は天候が変わりやすいとよくいわれますが、本当にその通り。さっきまで晴れていたのに、突然天候が崩れることもしばしばです。ですから、どんなに晴れている日でも、ザックには必ずレインウェアを入れておきましょう。そして雨が降ってきたら、すぐに着ます。

慣れてくると、風の感じや雲の動きなどで、ある程度天候が予測できるようになってきます。雨が激しくなったり、雷を伴ってきた場合は要注意。まわりをよく観察して、場合によってはルートの変更や山小屋へ避難、または下山を。はじめから雨の予報が出ているときは、中止して次の機会を待ちましょう。

悪天候の日には計画を変更しよう

1 コースを変更する

早めの判断が肝心！

雨は足元が滑りやすいのはもちろん、沢の増水など危険がいっぱい。もし沢ぞいのコースを選んでいる場合は、尾根ぞいのコースに変更するなどの対策を。そのためにも計画段階でよく調べて、いろいろなコースを把握しておくことが重要。いつでも別のルートへ出られるよう、目印も覚えて。

雷を伴う雨のときはさらに危険が増します。高い木の近くにいるときは、すぐに離れて。

CHANGE COURSE

ESCAPE

2 山小屋で過ごす

荒天時は無理に行動しない！

荒天時に沢ぞいのコースを行くのは危険。増水して流される事故につながります。できれば山小屋へ。

悪天候やメンバーのコンディションによって、行動を中止し1か所にとどまることを「停滞」といいます。天候が大きく崩れるなど危険を感じたときは、速やかに判断し、近くの山小屋やキャンプ場などで停滞しましょう。場合によってはそのまま何泊かして、天候が回復するのを待ってから下山する必要があります。

DESCEND MOUNTAIN

3 下山する

次に期待して下山の判断

そのまま登るとどんどん天候が崩れて、遭難する事態にもなりかねません。登り始めたばかりのときや山小屋が遠いときは、下山の判断を。コースによっては雨での下山が危険なこともあるので、エスケープルート（近道）を把握しておくことも重要。登ってきた道をそのまま引き返すのも、道の状態がわかりやすいのでオススメです。

不思議なもので、登りかけだとなかなか下山の判断ができないもの。正しい判断で身を守ること。

山でのピンチと対策
40

事前にトラブルシミュレーション

出合うかもしれない要注意の動植物

❶ マムシ

初夏の藪に出やすい。足をかまれることが多いので、肌の露出をさけること。登山靴は足首まであるタイプのほうが、かまれたときも安心。マムシがいそうな場所はストックでつつきながら入ろう。

❷ クマ

クマ除け鈴などを使うとクマのほうが先に人間の気配を感じて遠ざかってくれる。キャーッと大声を出して逃げると追いかけてくる習性があるので、前を向いたままゆっくりと後ずさりして。

❸ サル

目が合うと威嚇されるので、決して目を見ないように。群れで行動しているため、囲まれるととてもコワイ……！
頭がいいので、置いてあるザックの中から食べ物を盗みだすこともある。

❹ ウルシ

登山道より、少し外れたところに多く生えている。葉っぱの形を覚えておいて、触らないように気をつけること。かぶれてしまったら、かゆみが強いのですぐに病院へ行くように。

❺ ブヨ・蚊

刺されると大きく腫れることも。命に関わる心配はないが、目の周りを刺されると腫れにより視界がさえぎられることも。虫よけスプレーやミントスプレーで、寄せつけない対策をしておくこと。

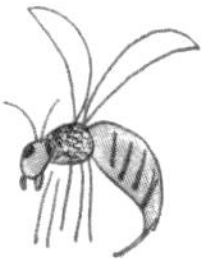

❻ スズメバチ

黒いものに寄ってくる習性があるため、ハチが多そうな山には黒いウェアは避けたほうが無難。また、強いにおいに引き寄せられるので、香水はつけないほうがいい。刺されたときはすぐに下山を。

常に危険なケースを想定しながら歩く

山ではただ漠然と歩くのではなく、危険なケースをシミュレーションするのが大切。慣れた人は、危険の予測を習慣化しています。

計画段階から、地図を見てどこに危険箇所があるのかチェックしておくのがコツ。山はとても楽しいけれど、自然の恐ろしさや、常に危険と隣り合わせだということを理解して。判断を誤ると命に関わる場合もあります。通行止めになっているところは、その先に崩落など危険箇所があるので絶対に行かないように。クマなどの足跡や、木につけられた爪痕など動物のサイン（フィールドサイン）も確認しましょう。夏の沢など水辺はブヨが多いので、対策は万全に。

起こりうる自然災害や危険

1 落石や滑落、転落

FALL OF ROCK

崖の下は特に落石が多いので、通るときは上を確認しながら歩きましょう。また、足場が悪いと滑り落ちることがあります。登山道を踏み外したり、浮き石を踏まないように注意。常に気を抜かないよう、注意力を保っておく必要があります。雨天時は滑りやすくなったり、視界がきかず危険度は増します。

難所では
気を張って！

滑り落ちたときに、場所や打ちどころが悪いと大変なことに。大雨の後は落石の危険性も高まるので、崖下の通過は注意。

避難を
優先しよう

濡れるだけでも体は冷えるうえ、風速1mにつき体感温度は1℃下がります。夏でも要注意！

2 稜線での悪天候

THUNDER

稜線で最も怖いのは雷。尾根は逃げ場がないので、雷注意報が出ているときは、尾根を歩かないように計画を変更するのがベター。もし雷に遭ってしまったら、なるべく稜線から下がった場所に逃げること。また、稜線は風雨の影響を直接受けやすく、ウェアが濡れて冷えてしまうと夏でも低体温症になることがあります。

3 沢の増水

RISE OF A RIVER

普段は飛び石伝いに渡れる程度の沢が、雨の影響で腰くらいの水位になってしまう……。特に下りのルートでは、増水した沢を渡らないと帰れないことがあります。無理に渡って、流されてしまったら大変。一気に増水した沢は、水がひくのも早いものです。雨がやんでしばらくすると水量が減るので、無理せずにそれを待って。

あっという間に
増水する

沢が増水しているときは、登山計画は次回に持ち越し。危険性が低くなるまで待ちましょう。

最善の準備をして
楽しく終われる登山にしよう!

山での
ピンチと対策
41

山でのケガや病気の対策

下山時の気の緩みが大きな事故につながる

山でのケガは、特に下山時に起こりやすいもの。下りのほうが転倒しやすいことに加えて、疲れや気の緩みなどさまざまな要因が絡まっています。ケガをしないように気をつけるのはもちろんですが、もしものときのために救急セットは必ず持っていきましょう。

骨折やねんざのときに使う三角巾は、タオルなどでも代用できます。持っているものを最大限に利用して、できる対策はすべて行うこと。また、山でかかりやすい病気(症状)に、高山病や熱中症が挙げられますが、事前の対策を怠らなければある程度防ぐことができます。山では近くに病院がないので、対策を徹底するのが基本です。

Check!

病気やケガをしてしまったら？

1 冷静に状況を判断

実生活にも役立つ技術

思わぬケガをしたり、メンバーが病気になると、どうしても慌ててしまうもの。そんなときでも、努めて冷静に状況を判断することが重要です。まずは手持ちの道具で応急手当後、自力で下山できるか判断を。山小屋が近くにあるときは、グループの誰かが助けを呼びにいくという方法もあります。

SITUATION

ピンチのときの行動は、判断がとても難しいもの。落ち着いて最善の選択ができるように意識して。

ペットボトルのキャップに穴をあけて消毒用に。ポイズンリムーバーも持参を。

応急処置で被害を最小限に

COMMUTE

2 あるもので最善の対策を考える

スズメバチに刺されたらポイズンリムーバーで毒抜き、骨が折れていたらよい枝を探してきて添え木にするなど、その場でできる対策を。使い捨てのポリ手袋を持っていけば、ケガをしたときに人から人へ病気がうつるのを防ぐことができます。落ち着いて症状の重さを判断し、その後の対応を決めること。

Memo

山岳保険に入っておく

山岳保険は、山での遭難、ケガ、災害などをカバーしてくれる保険のこと。その人の状況やレベル、求める保障などによってさまざまなタイプから選ぶことができます。ついている保障条件によって金額もまちまちですが、何度も行く人は年間契約のほうがお得。たまに楽しむだけの人は、1回かけ捨てタイプもあります。

山岳保険の保障内容例

死亡・後遺症	900万円
入院保障	1日7,500円
通院保障	1日5,000円
障害医療費	50万円
持ち物補償	20万円
受託品賠償責任	10万円
救護者費用補償	500万円
遭難捜索費用	200万円

※会社やプランによって違ってきます

軽いケガの応急手当

1 足がつった！

LEG CRAMP

足の筋肉がつる、別名「こむら返り」。自分の意思に反して筋肉が収縮して、激しい痛みを伴う症状です。マッサージして少しずつ筋肉を伸ばしていきましょう。特に体が冷えたり水分不足のときはつりやすくなるので、保温に努め、こまめに水を飲んで予防を。なってしまったら、スポーツドリンクなどで十分に水分を補給して。

筋肉が疲労していると、つりやすい！　下山時も、気を抜かずに定期的な水分補給を。

2 すりむいた！ 靴ずれが痛い！

ABRASION

ばい菌が入ってしまわないよう、まずは傷口を洗浄。予備に持っていた水が大活躍します。先に穴のあいたフタにつけかえて、水の勢いで泥や菌を洗い流して。その後は、絆創膏やテーピングなどで傷口を保護するのが基本です。傷が浅くて動けるようなら、少し休んでから残りの行程を楽しめるかもしれません。

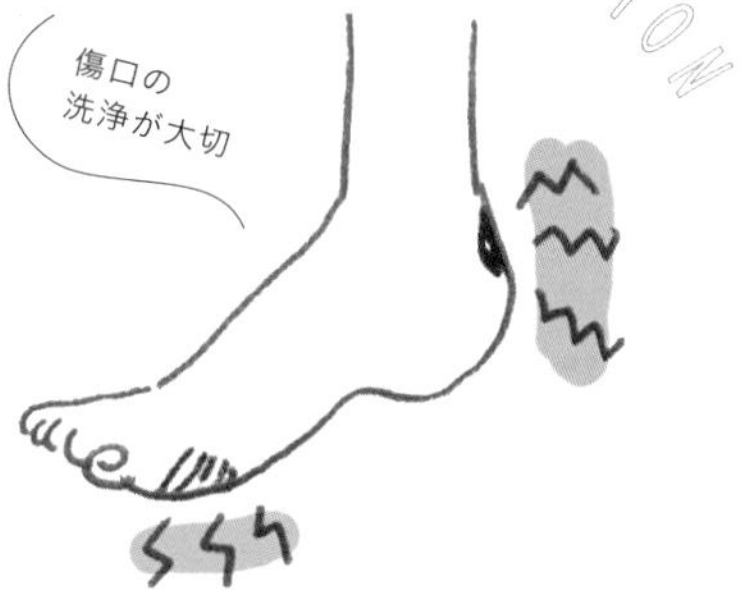

小さな傷でも、箇所によっては大きな痛みを伴うことも。無理だと感じたら、すぐに下山を。

3 ひざが痛い！

PAIN IN KNEE

ひざが痛くなる原因は、日常のトレーニング不足かも。ひざのまわりの筋肉が鍛えられていないため、負担に耐えられなくなって起こることもあるようです。日頃からひざ周辺の筋トレをして、予防していきましょう。テーピングをＹ字に切って、ひざの皿のまわりを圧迫して動かないようにすれば、痛みが軽減できることもあります。

不慮の事態に備えて、テーピングのパターンをいくつか覚えておくのもオススメです。

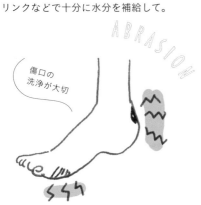

Check!

動けなくなりそうなケガの処置

1 ねんざ

SPRAIN

足をねんざしたらすぐ、濡らしたタオルなどで冷やします。雪がある場合は、それを使ったほうがもっと効果的。痛みが軽くなるまでそのまましばらく休みましょう。また、テーピングで患部を巻き、動かないようにするという方法もあります。

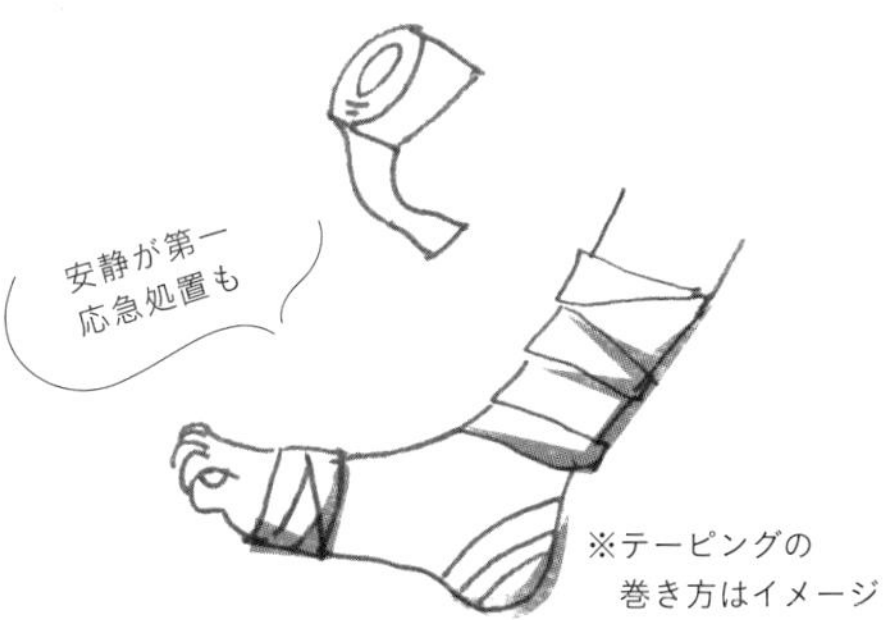
安静が第一
応急処置も
※テーピングの
巻き方はイメージ

動くとひどくなる場合もあります。歩くのが難しいときは補助してもらう必要もあります。

最優先は
下山すること

自力での下山が不可能なときは、救助を呼ぶのも仕方ない。ただし、助けるほうも命がけなのです……。

2 骨折

BROKEN BONE

手の骨折より、足の骨折のほうがやっかいです。手なら、添え木をしてそのまま下山することが可能な場合も。しかし、足だとそうはいきません。また、骨が皮膚から飛び出ている開放骨折の場合は、すぐに接合手術を受けないと大きな後遺症が残ってしまう恐れがあるので、少しでも早く下山して病院へ。

3 出血が止まらない！

BLEED

患部にタオルかガーゼを当てて、圧迫止血を。皮膚が裂けている場合は、傷口が開いてしまわないように、テーピングで貼り付けます。出てくる血が鮮やかな赤で、勢いがある場合は、動脈からの出血である可能性が高いので、救助などを呼んで速やかに下山し、医師の治療を受ける必要があります。

止血の技術を
身につける！

静脈からの出血であれば、止まることが多いもの。しばらくは安静にしましょう。

Check!

山でかかりやすい病気・症状の対策

1 高山病対策はゆっくりペース

ALTITUDE SICKNESS

高い山の上で低酸素状態になると引き起こされる症状。標高2,400mあたりからかかりやすくなります。めまいや吐き気などから始まり、ひどい場合は肺水腫で命に関わる恐れも。オーバーペースで登ると酸欠になりやすいので、ゆっくり進むこと。登山口の標高が高いときは、1時間くらい周囲を歩いて体を慣らします。

体を慣らして徐々に！
ゆっくり

偏頭痛持ちの人は特になりやすいといわれています。水をこまめに飲んで予防しましょう。

こまめな休憩と水分補給を

症状が出たら日陰に移動し、ベルトや胸元をゆるめて横になります。水分・塩分をとりつつ回復を待って。

2 熱中症には水分・塩分補給

HEATSTROKE

暑い日には汗をかきますが、それに合わせて水分補給が追いついていないと、熱中症にかかりやすくなります。頭がくらくらする、吐き気、めまい、頭痛などの症状をはじめ、ひどいときには倒れてしまうことも。塩分不足が原因でもあるので、暑い日や湿度が高い日は真水よりスポーツドリンクを飲むのがオススメ。

3 低体温症にはエネルギー補給

EXPOSURE

気温が低い雪山はもちろん、真夏の山でも汗や雨などで濡れた体に風が当たるとかかる症状。最悪の場合は死にいたる危険性もあります。エネルギーが足りないと体温が上がりにくくなるので、こまめに行動食を取ってエネルギー補給を。温かい飲み物は体を内部から温めてくれるので、即効性があります。

真夏でも高山は寒い！

早めに対策をとり、適切な処置を施せば回復する可能性は高いといわれています。

Check!

どうする？　救助のQ&A

1 救助はどうやって呼ぶの？

救助の要請は、地元の警察署に連絡をするのが一般的。登山の計画をするときに地元の警察署の連絡先を調べておき、その際に手元にも控えたり、携帯電話に登録しておきましょう。また、救助は110番でも119番でも対応してくれます。ただし、山では電話が通じない場所や電池切れなど不測の事態もあることを念頭に置いて。

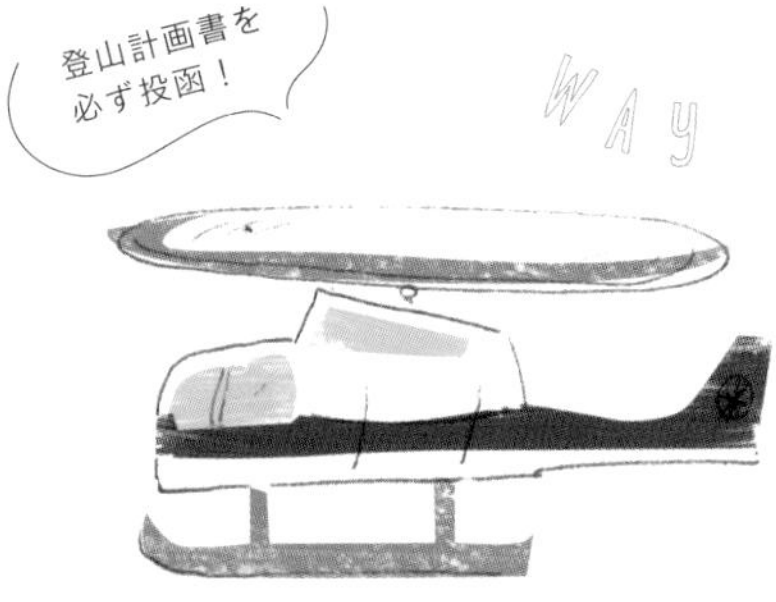
登山計画書を
必ず投函！
WAY

110番でも119番でも救助を呼ぶことができます。
一人で行くのは連絡の面でもリスクを伴います。

2 救助を呼ぶとお金がかかるの？

警察、消防、自衛隊などのヘリコプターや救助隊の費用は、公費でまかなわれています。救助された人が払う必要はありませんが、実際はかなりの高額。しかも、救助隊員も命がけで来てくれるのです。「ピンチになったら救助」「代金もかからないならいいわ」と安易に考えるのではなく、そうならないように通常から行動するのが重要。

SOS
危険回避が
一番大切！
COST

民間機関に依頼したときは、お金がかかることも。
この場合の補償がされる山岳保険もあります。

3 自分の居場所を知らせるには？

自分がケガをして動けないとき、山小屋まで駆け込んでもらうなど、ほかの誰かに救助をお願いすることも。その場合は、正確に相手に状況を伝えなくてはなりません。グループの誰かならまだしも、通りがかりの登山者に頼むならなおさら。自分の氏名や状況、いる場所、家族の連絡先などを紙に書いて、相手に渡しましょう。

PASS ON
必要な情報を
メモにする

伝言ゲームでは状況は混乱するだけ。紙に書いて
冷静な第三者に渡すとスムーズ。

道に迷ったときには？

対処方法チャート

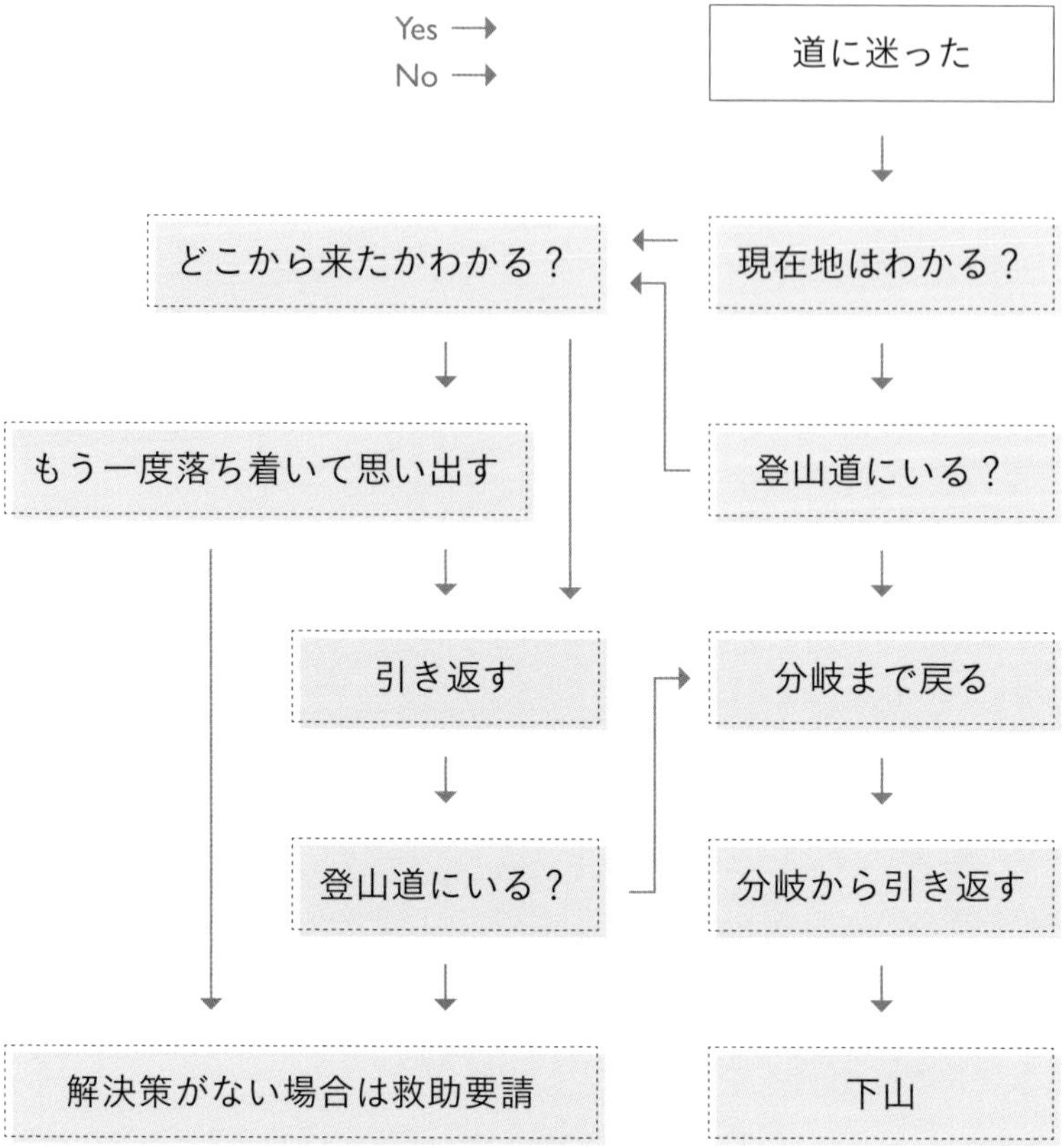
Yes →
No →
道に迷った
現在地はわかる？
どこから来たかわかる？
登山道にいる？
もう一度落ち着いて思い出す
引き返す
分岐まで戻る
登山道にいる？
分岐から引き返す
解決策がない場合は救助要請
下山

山岳事故の一番の原因。未然に防ぐのが大切

山岳遭難で最も多い原因は、道迷い。全体の4割近くを占めています。道迷いが原因での転落や滑落、疲労などを含めるとさらに数は多くなります。

山では迷わないようにするのが大前提ですが、もし迷ってしまったときは、とにかくパニックにならないように。特に一人のときは、冷静になりにくいもの。グループの場合は、集団パニックになると大変です。登山用のGPSやスマートフォンのGPS型アプリを使って位置を把握するのも手。

常に地図を見て、現在の位置を確認しながら登山すれば道迷いは防げます。それが、何よりも重要なのです。

Check!

迷わないための心得

SPREAD A MAP

1 常に地図でコースを把握

道迷いを防ぐためには、歩いてきた道を常に地図と照らし合わせて、登山ルートを外れていないか、道が急に細くなったなど、異変がないかをチェック。少しでも道の様子がおかしいなと思ったら、進まずに立ち止まり、迷っていないか、自分の位置はどこか確認を。GPSもうまく活用して場所を把握して。

感覚で動くのは絶対にNG

GPSは便利ですが、頼りすぎてはダメ！　地図を読めるようになるのが、山歩きの基本です。

元の場所に戻ること

記録面でもスマートフォンが便利。気になる箇所は写真にしておくと、行動を振り返ることができます。

HEAD BACK

2 迷ったら引き返す

道迷いを防ぐには、分岐を見逃さないようにするのが大切。おしゃべりに夢中になって、重要なポイントをチェックしないまま通り過ぎたりするのが道迷いのはじめ。道に迷ったと感じたら、すぐに引き返しましょう。不安になったらいつでも確認できるよう、分岐の看板は写真に残しておくのがオススメです。

CLIMB UP

3 下るよりは上ること

コースを外れたら上を目指す

「山を下るとそのうち道に出るだろう」というのは大きな間違い。やみくもに下ると、沢につきあたることが多くあります。沢は滝や崖が多く、危険なため、行き詰まることがほとんど。迷ったら下るのではなく、上を目指しましょう。尾根をたどっていくと、見晴らしもきくうえ、登山道に出られる可能性も高くなります。

山は頂上に行くにしたがって面積がせまくなるので、登っていけば登山道に入る可能性も高くなります。

Column 5

海外の山へ行くには

私はなるべく機会をつくって海外の山へも行くようにしています。それは、山の大きさや高さなどのスケール感、雰囲気が日本の山とは大きく違うから。今までスイスアルプスに通ったり、南米の６０００m峰に挑戦したりしてきました。そして、そのたびに大きな影響を受けて帰り、登山のモチベーションが高まることにつながっています。日本の山も世界に誇る名山がありますが、日本では得られない刺激や感動を求めて海外へ出かけるのもオススメ。ピークを目指さなくても、山麓のトレッキングだけでも十分に楽しめると思います。

とはいえ、はじめから自力で行くのは言葉や文化の違いがあって難しいもの。海外でトレッキングをしたいなら、日本の旅行会社が企画するトレッキングツアーに参加するといいですよ。私も海外登山のきっかけは両親と行ったヨーロッパのトレッキングツアーでした。

いつか海外へという夢を抱きながら、日頃の山登りをするのも楽しいものです。

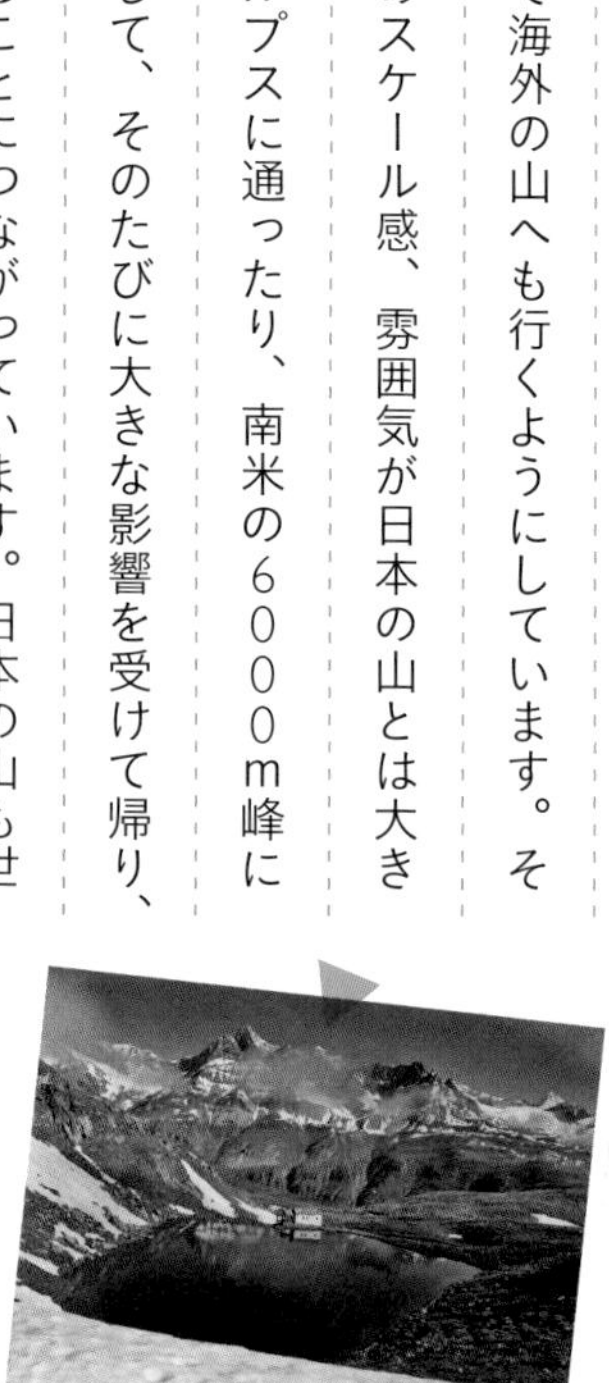

海外トレッキング
ツアーに参加しよう

Part

6

オススメの山リスト

初心者が楽しめる山を全国からピックアップ。
日帰り、宿泊、周回、ピストンなど、歩き方や
目的に合った山を見つけてください。

男女混浴なんだー
今だれもいないみたい
フー
はーしあわせ
山登りのあとの温泉はすごくリラックスして心も体もゆるんで最高ですね
でしょ？私もこの瞬間が大好きなの
お肌つるつる～
ホカ
ホカ
あっ山頂に登ったときのSNSに
コメントたくさんついてる
いいね！31件
気持ちよさそー！

みんなうらやましがってるー
あっ今度一緒に行きたいってコが！
わーい
そうやって仲間が増えて、広げていけるのよ
はい！
それにしてもフウコちゃんそんなにおみやげ買うの？
コ、コメントくれた友達全員に配ろうかなって…
せっかくの記念だし
また来ればいいじゃない
アハハ
そ、そっか
あーなんだかさっそくもう次の山に登りたくなってきました
フウコちゃんも山登りの楽しみ方見つけたみたいね
チホさんのおかげです～
また一緒に登ろうね

花、緑、水に囲まれた
神秘の世界でリフレッシュ

01

八《はち》幡《まん》平《たい》

《岩手県》

△ 標高	1,613m
歩行時間	約2時間
難所	少ない
アクセス	「盛岡駅」からバスで「八幡平頂上」下車

自然散策にもってこい。
歩いた後は麓の温泉へGO！

日本百名山のひとつ八幡平は、火山活動により多くの湖沼や湿原が誕生しました。そこには手つかずの木々や高山植物が生育しており、これらを鑑賞しながら歩くのが、この山の魅力。また、散策路が整備されており、初心者や子どもでも安心して歩くことができます。中でも最大の湖沼「八幡沼」の展望台から見える景観は圧巻。歩いた後は、温泉に立ち寄るのもおすすめです。

COURSE

スタート（八幡平頂上バス停）
↓ 30分
八幡平頂上
↓ 10分
陵雲荘
↓ 10分
源太分れ
↓ 25分
見坂峠
↓ 10分
八幡平頂上バス停

※上記の逆回りでもかまいません。

神秘の絶景として、
近年話題のスポット！

「八幡平ドラゴンアイ」
山頂散策路にある鏡沼の雪解け
(5月中旬〜6月中旬)

宿泊、日帰り
どちらもOK

INFORMATION
八幡平市観光協会
☎0195-78-3500
https://www.hachimantai.or.jp/

※すべてのMAPとコースタイムは目安です。MAP上の→は主に登り、→は主に下りです。

02

安達太良山《あだたらやま》

《福島県》

△ 標高　1,700m

歩行時間　約5時間

難所　岩の露出はあるが歩行に問題はない

アクセス　「二本松駅」からバスで「岳温泉」下車。タクシーで「山麓駅」へ（約10分）

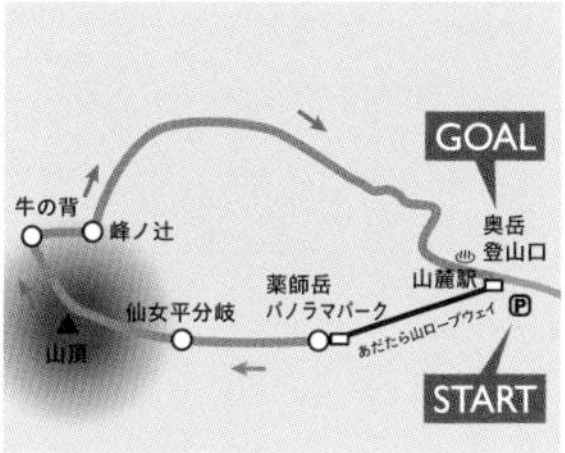

COURSE

スタート（ロープウェイ山麓駅）

↓

ロープウェイにて薬師岳パノラマパーク

↓ 35分

仙女平分岐

↓ 45分

山頂

↓ 35分

峰ノ辻

↓ 2時間40分

奥岳登山口

INFORMATION

二本松市観光連盟

☎0243-55-5122

https://www.nihonmatsu-kanko.jp/

壮大な自然の力を肌で感じる

四季折々の景観を堪能、巨大な噴火口は必見

磐梯朝日国立公園の南端に位置し、日本百名山、花の百名山に選ばれている山。標高 1,700m の山頂は小岩峰が突き出ている形状なので別名「乳首山《ちちくびやま》」とも呼ばれています。春から夏は花が咲き乱れ、秋は紅葉、冬は雪の銀世界が広がり、四季折々の景観を堪能できるのが魅力。稜線の途中には直径 1 km 深さ 250m にもなる大火口「沼《ぬま》の平《たいら》」があり、壮大な景観を楽しむことができます。

茶褐色とグレーが織りなす「沼の平」の情景。

まるで月のクレーターみたい

四季折々の花が楽しめる！

高山特有の植物を観賞するのが醍醐味。写真はイワカガミ。

神々が作り出したパワースポットめぐり

03

筑波山《つくばさん》

《茨城県》

△ 標高　男体山871m
女体山877m

歩行時間　約3時間30分

難所　整備されている

アクセス　「つくば駅」からシャトルバスにて「沼田」を経由し、「筑波山神社入口」下車

ハイキング感覚で山頂へ 売店やレストランも充実

登山道が整備され、ケーブルカーやロープウェイが設置されていることから、家族連れや観光客も多く訪れる筑波山。近年はパワースポットとしても人気を博しています。なにしろ、山そのものが御神体なので、そのパワーの大きさは相当なものといわれています。奇岩・怪石が多いのも特徴で、植物とともに自然を楽しみながら登山できるのも魅力です。売店やレストランも整備されているので、はじめての登山に最適。

パワースポットで気を高めて！

登山口(山の中腹)にある筑波山神社御拝殿。大きな杉の木にもパワーを感じる。

見たことのない奇岩・怪石を発見！

十数個ある奇岩・怪石も見どころの一つ。それぞれにいい伝えがある。

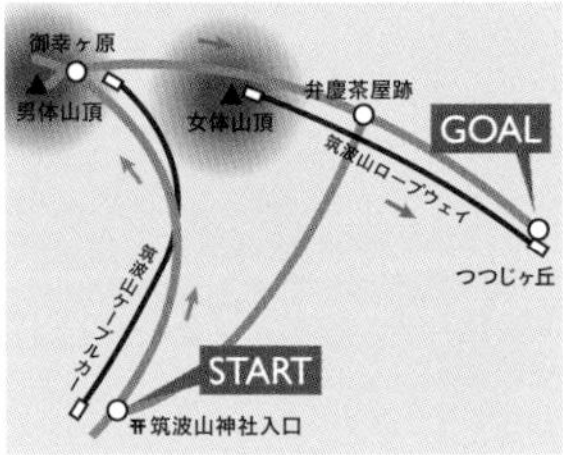

COURSE

スタート（筑波山神社入口）
↓ 1時間30分
御幸ヶ原
↓ 15分
男体山頂
↓ 30分
女体山頂
↓ 35分
弁慶茶屋跡
↓ 35分
つつじヶ丘

※つつじヶ丘から「つくば駅」へのバスあり

INFORMATION

筑波山観光案内所
☎029-866-1616
https://ttca.jp/

04

尾《お》瀬《ぜ》

《群馬県・福島県》

自然美に心癒される 山でのお泊まり旅へ

△ 標高　鳩待峠1,591m
⏲ 歩行時間　約7時間30分
⚠ 難所　なし　※残雪がある場所が一部あり
🚌 アクセス　「沼田駅」「上毛高原駅」からバスで「尾瀬戸倉」下車「鳩待峠」行きシャトルバスに乗り換え

COURSE

スタート（鳩待峠）
↓ 1時間
山ノ鼻
↓ 1時間20分
竜宮十字路
↓ 30分
見晴（1泊）
↓ 2時間10分
沼尻
↓ 2時間20分
沼山峠（福島県）

※沼山峠から「会津高原尾瀬口駅」へのバスあり

INFORMATION
片品村観光協会
☎0278-58-3222
https://oze-katashina.info/
みなかみ町観光協会
☎0278-62-0401
http://www.enjoy-minakami.jp/

ミズバショウに魅せられて 本州最大の湿原を歩く

2007年に国立公園に指定された尾瀬。湿原生態系としての価値を高く評価されており、国の特別天然記念物でもあります。尾瀬の代名詞ともいわれる「ミズバショウ」は、5月下旬の山開きとともに雪解けの水の中に姿を現します。日帰りも可能ですが、歩くことに不安がある人は見晴の山小屋で一泊するのもおすすめ。

湿原帯の上を歩くだけで気分が高まる。右側通行がルール。

5月中旬～7月上旬に開花するリュウキンカ。花言葉は「かならず来る幸せ」。

空気まで食べる
山頂でのお弁当タイム

05
陣馬山《じんばさん》

《神奈川県・東京都》

- △ 標高　855m
- 歩行時間　約3時間30分
- 難所　特にない
- アクセス　「藤野駅」からバスで「和田」下車（約15分）

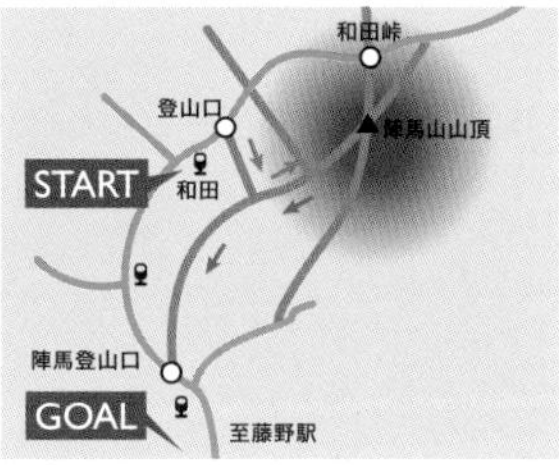

COURSE

スタート（和田バス停）
↓ 15分
登山口
↓ 1時間10分
山頂
↓ 1時間30分
陣馬登山口
↓ 20分
藤野駅

INFORMATION

藤野観光案内所
☎042-687-5581
https://info-fujino.com/info

人気の高尾山にも行ける
関東平野が一望できる山

山頂にある白馬の像は陣馬山の象徴。古文書によると、北条氏が甲斐の武田家への備えとしてこの山頂に砦《とりで》を築いたので陣馬山と呼ばれるようになったとのことです。この山の登山の魅力は登山口までのアクセスがよく、最短ルートの登山口からは1時間あまりで山頂までたどり着けること。そこからは関東平野を一望できます。また、人気の高尾山へも尾根を歩いて行くことができ、はじめての縦走に最適です。

藤野駅前からの風景。里山の風情に心が和む。

関東平野を一望めざして

登山後の立ち寄りに最適

藤野駅からバスで15分の日帰り温泉「やまなみ温泉」。源泉100%かけ流しのお湯です。

06

大《だい》菩《ぼ》薩《さつ》嶺《れい》

《山梨県》

山小屋めぐりも楽しい 寄り道OKのトレッキング

△ 標高　2,057m
歩行時間　約7時間
難所　下りの一部に急な勾配あり
アクセス　「塩山駅」からバスで「大菩薩峠登山口」下車

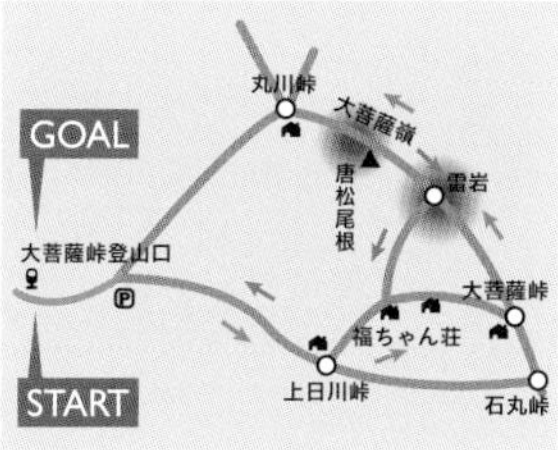

COURSE

スタート（大菩薩峠登山口）
↓ 2時間
上日川峠
↓ 1時間20分
大菩薩峠
↓ 1時間
雷岩
↓ 10分
大菩薩嶺
↓ 10分
雷岩
↓ 1時間20分
上日川峠
↓ 1時間30分
大菩薩峠登山口

INFORMATION
甲州市観光協会
☎0553-32-2111
https://www.koshu-kankou.jp/

日帰り、宿泊どちらでも ゆとりあるプランが人気

中里介山の小説「大菩薩峠」で知られる、秩父多摩甲斐国立公園にある山。首都圏からのアクセスがよく、また標高 2,000m を超えるわりには気軽に登れることから人気です。日帰りで十分余裕のある登山プランを立てられますが、山小屋やテント泊をしてみるのもおすすめ。夜の山の雰囲気を味わうのも魅力です。積雪期でも比較的登りやすい山ですが、冬に行く場合は冬山用の準備をしっかりしていきましょう。

高山ならではの景色を堪能できるのも魅力。大菩薩峠から富士山を望む。

見晴らし最高！
前も後ろもビーナスライン

07

車《くるま》山《やま》
（霧ヶ峰）

《長野県》

△標高　1,925m
⏲歩行時間　約2時間30分
⚠難所　特になし
🚌アクセス　「茅野駅」または「上諏訪駅」からバスで「車山肩」下車

名だたる山を眺めながら
ハイキング気分で歩く

スキーやドライブコースとしても人気の霧ヶ峰。見渡す限りの大自然に、多くの初心者が登山に魅了されます。登山道も整備されており、比較的緩やかな道を歩きながら、八ヶ岳連峰や富士山などを見ることができます。高山植物の種類も豊富で、春や夏に咲き乱れる風景は、まさにビーナスのイメージ（霧ヶ峰を通る道路の呼称がビーナスライン）。時間と体力に余裕があれば、八島ヶ原湿原まで歩くのもよいでしょう。

COURSE

スタート（車山肩バス停）
↓ 40分
車山山頂
↓ 20分
車山乗越
↓ 20分
蝶々《ちょうちょう》深《み》山《やま》山頂
↓ 15分
車山乗越
↓ 35分
車山肩バス停

INFORMATION
車山高原スカイパークリゾート
☎0266-68-2626
https://summer.kurumayama-skypark.com/

車山からは日本アルプスの数々の山を望める。写真は八ヶ岳。

360度パノラマが山頂の至福！

心洗われるビーナスライン

草原に咲き乱れるレンゲツツジ（蝶々深山から）を前に気分も晴れやか。

08

木《き》曽《そ》駒《こま》ヶ《が》岳《たけ》

《長野県》

山と街の両方を満喫
名物「駒ヶ根ソースかつ丼」で満腹

△ 標高　2,956m

歩行時間　約3時間40分

難所　一部滑りやすい道あり

アクセス　「駒ケ根駅」からバスで「しらび平駅」下車

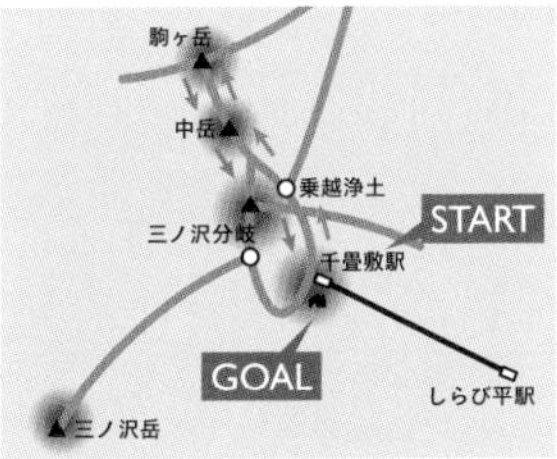

雲の上の世界が待っている
初心者向きの3,000m級の山

木曽山脈（中央アルプス）の最高峰。標高は高いですが、ロープウェイを利用すれば一気に標高 2,612m まで到達できます。そこから眺める景色だけでも満足できますが、頂上からの雲を見下ろす景観を一度は味わいたいところ。急に高所に上がるので、体を慣らしながらゆっくり歩くようにしましょう。また、麓の駒ヶ根市街地で、名物「駒ヶ根ソースかつ丼」に舌鼓を打つのもおすすめです。

COURSE

スタート（千畳敷駅）

↓ 1時間

乗越浄土

↓ 30分

中岳山頂

↓ 30分

駒ヶ岳山頂

↓ 1時間40分

同じルートで下山し千畳敷駅

INFORMATION

駒ヶ根市観光案内所
☎0265-81-7700
http://www.kankou-komagane.com/

「駒ヶ根ソースかつ丼」については、駒ヶ根商工会議所内「駒ヶ根ソースかつ丼会事務局」へ（☎0265-82-4168）

7月上旬の千畳敷カール内には残雪と雪解け水の清流がある。

山の上でご利益を受けたい
初心者にも人気のパワスポ

夏でも雪が残る3,000m超の霊山 豪快な景観の中で心を洗う

日本最古（江戸時代建設）の木造山小屋がある室堂《むろどう》がスタート地点。標高3,003mの主峰雄山《おやま》は日本三霊山に数えられ、山頂にある雄山神社を古くから多くの人が訪れました。立山とは雄山、その先にある大汝山《おおなんじやま》（標高3,015m）、富士の折立《おりたて》の総称。一部に足場の悪い道もありますが、登山口までのアクセスがよく、初心者にも人気です。山頂だけでなく、歩行中も360度の大自然を堪能できる、魅力的な山です。

夏でも残雪がある。新緑と雪のコントラストは高山にしかない芸術。

高山ならではの自然現象を堪能

登山者のみができる3,000mでの参拝

雄山の山頂にある雄山神社。創建は701年といわれており、現在の社殿は平成8年に再建されたもの。

09

立《たて》山《やま》（雄山）

《富山県》

△標高	3,015m（雄山3,003m）
歩行時間	約4時間
難所	足場の悪い箇所あり
アクセス	信州側：「扇沢駅」からバス、ケーブルカー、ロープウェイ、バスにて「室堂ターミナル」下車 富山側：「立山駅」からケーブルカーにて美女平へ。そこからバスにて「室堂ターミナル」下車

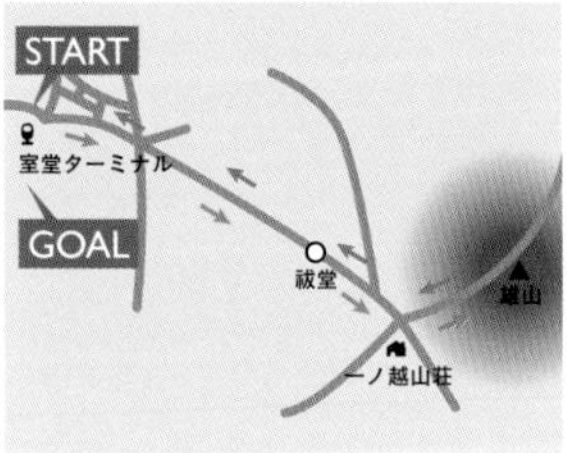

COURSE

スタート（室堂ターミナル）
↓40分
祓堂
↓20分
一ノ越山荘
↓1時間
雄山山頂
↓1時間50分
同じルートで下山し室堂ターミナル

INFORMATION

立山町観光協会
☎076-462-1001
https://yukutabi-tateyama.jp/

10

六《ろっ》甲《こう》山《さん》

《兵庫県》

△ 標高	931.3m
◷ 歩行時間	約3時間
⛰ 難所	コースによって岩場あり
🚌 アクセス	「有馬温泉駅」から徒歩で有馬温泉を経由し、ロープウェーへ

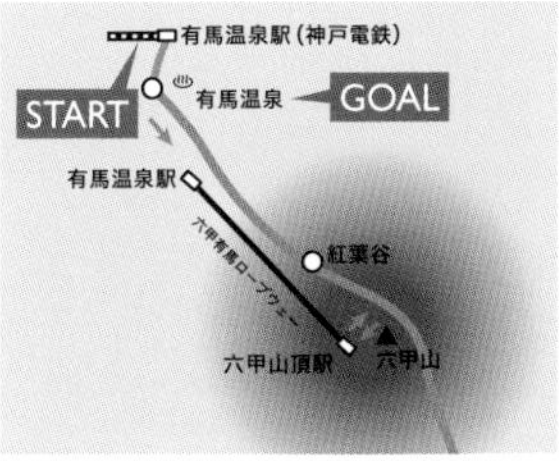

COURSE

スタート（有馬温泉）

↓ 15分

六甲有馬ロープウェー有馬温泉駅

↓ 12分

六甲有馬ロープウェー六甲山頂駅

↓ 1時間20分

六甲山山頂

↓ 1時間20分

六甲有馬ロープウェー六甲山頂駅

↓ 12分

六甲有馬ロープウェーで下山し有馬温泉

INFORMATION

六甲有馬ロープウェー
☎078-891-0031
https://koberope.jp/rokko
（ロープウェーに関するお問い合わせはこちら）

※写真提供・神戸市：
株式会社こうべ未来都市機構

名湯・有馬温泉で
自然のおもてなしを受ける！

※写真は神戸市中央区側です。紹介するコースの風景ではありません。

関西の登山者に人気の山
駅からアクセスできる

東西約30kmにわたる山々の連なりを総称した六甲山。ロープウェーなども整備されていることから、初心者をはじめ、家族連れにも人気です。道中は木々が生い茂り、野生の猪に出くわすこともあります。また、登山プランとして人気なのが、日本最古湯の一つである有馬温泉で疲れを癒やすこと。時間があれば宿泊もおすすめです。

※登山道は多数ありますが、通行止めや危険なところもあるので、事前にコースを確認し、かならず地図を持参しましょう。

六甲有馬ロープウェーで山頂近くまで上れる。

日本有数の温泉街・有馬温泉で汗を流し、街を散策できるのも、六甲山登山の醍醐味。

山の恵みを全身に
郷土料理に至福の時を！

11

大《だい》山《せん》

《鳥取県》

△ 標高　1,729m
⏲ 歩行時間　約6時間
⚠ 難所　特になし
🚌 アクセス　「米子駅」からバスで「大山寺」下車

中国地方の最高峰を日帰りのピストン登山

「東の富士、西の大山」ともいわれる大山は、西日本では象徴的な山。古くは奈良時代の「出雲風土記」にも大山の名前が記されており、「大いなる神の在《い》ます山」として人々に崇拝されてきました。現在は、日帰りで山頂を往復できるとして、子どもたちにも人気。登山後は山菜料理や日本海の魚介類を味わったり、大山の歴史文化に触れてみるのもおすすめ。

COURSE

スタート（夏山登山口）
↓ 1時間
三合目
↓ 1時間
六合目
↓ 1時間
山頂
↓ 3時間
同じルートで下山し夏山登山口

山頂にある避難小屋は休憩に使用できる。お弁当を山頂で食べるのは格別な味わい。

大山山麓の食材を使った郷土料理。四季折々の山菜も魅力。

INFORMATION

大山町役場　観光課
☎0859-53-3110
https://www.daisen.jp/
大山町観光案内所（年中無休）
☎0859-52-2505
https://tourismdaisen.com/

12

普《ふ》賢《げん》岳《だけ》

《長崎県》

温泉セットが定番
湯けむりの世界へ!

△ 標高　1,359m

⏲ 歩行時間　約2時間

⛰ 難所　特になし

🚌 アクセス　車で諫早ICから仁田峠へ（約60分）

COURSE

スタート（仁田峠）
↓ 3分
妙見岳展望台
↓ 10分
吹越分かれ
↓ 10分
国見分かれ
↓ 15分
紅葉茶屋
↓ 30分
普賢岳山頂
↓ 50分
仁田峠

INFORMATION
雲仙観光局
☎0957-73-3434
https://www.unzen.org

火山活動で新山が誕生 温泉好きは宿泊プランを！

1990年の噴火で一時登山が禁止されていた雲仙。火山活動が弱まって登山解禁となってからは、火山活動で現れた溶岩ドームが平成新山と名付けられ、人気になっています。登山者の多くは、日本で最初に指定された国立公園・雲仙の普賢岳を目指します。そして、雲仙温泉の数ある温泉宿に泊まり、温泉とのセットで楽しむのが定番。ミヤマキリシマが咲き誇る春、山中がオレンジ色に染まる秋が特に人気です。

雲仙温泉街にある雲仙地獄を観光。水蒸気が噴射し、硫黄のにおいが漂っている。

山登りに役に立つ用語集

登山のガイドブックや地図などには登山の専門用語が使用されています。
安全かつ快適な登山をするために、用語と意味を理解しておきましょう。
※用語の説明は本書の内容に基づきます。

アイゼン
雪道や氷の上を歩く際に、靴底に付けて滑らないようにする、金属製の爪がある用具。

アプローチ
交通機関を利用した最終地点から登山口までの行程。岩場など、目的地点までの行程を指すこともある。

浮き石《うきいし》
安定感のない石。人が乗ることで、傾いたり動いたりし、歩行時には注意が必要となる。

馬の背《うまのせ》
尾根の一種。馬の背中のように両側が切れ落ちたヤセ尾根の形状をしていることから名付けられた。

エスケープ（ルート）
緊急事態（悪天候やケガなど）に予定していたルートを変更して、下山や安全な場所へ移動できる道。

お花畑《おはなばたけ》
さまざまな高山植物が群生している場所を指す。

ガス
霧のこと。登山者の視界を遮ることもある。

肩《かた》
山頂直下にある尾根の平坦地の部分を指す。

ガレ場《がれば》
さまざまな形や大きさの石が散乱した場所。

キレット
稜線の一部が急激に切れ落ちている場所を指す。

鎖場《くさりば》
安全確保のために岩場などに鎖が設置されていることがある。

ケルン
主に道しるべのために石を積み重ねている（石塚の状態）。

高山病《こうざんびょう》
高所になると低酸素、低気圧、低温になり、その環境に順応できずに生じる障害。

行動食《こうどうしょく》
登山で歩行途中（休憩時）に栄養補給や体力維持のために食べるもの。

合目《ごうめ》
登山口から山頂までを10分割し、その一つを一合と表す。

ゴーロ
大きな岩や石が散乱している平坦な場所のこと。

ザレ場《ざれば》
小石や土砂が散乱した場所。

三角点《さんかくてん》
地図を作成する際に三角測量する基準点。柱石が設置されている。

3点確保《さんてんかくほ》
岩場など急斜面を通過する際に、手足の4点のうち3点を岩場などに設置し、体勢を確保する技術。

桟道《さんどう》
山の崖や岩場などに棚のように足場を組んだもの。木材や鉄板が使われる。

縦走《じゅうそう》
複数の山を稜線伝いに歩くこと。

森林限界《しんりんげんかい》
樹木が生育できなくなる環境の地点や場所。

雪渓《せっけい》
高山などの渓谷に積もった雪が夏まで残っている状態を指す。

出合《であい》
2つの沢や尾根が合流する地点。

峠《とうげ》
山越えの道などで登りつめて下りになる地点。

ピストン
同一コースで往復すること。山頂往復が多い。

ビバーク
想定外の事故などで、山で緊急的に一夜を明かすこと。

ピーク
山で一番高くなっているところ。山頂以外でも目立つ高さのところを指すこともある。

ペンキ印《ぺんきじるし》
ルートを示すために岩に塗られた印。○や×、矢印がある。

ホールド
岩場などを通過する際の手がかり、または足がかりのこと。

巻き道《まきみち》
迂回路のこと。岩場などを避ける道や、ピークを通らず山腹を巻いて反対側に向かう道を指す。

水場《みずば》
沢、湧き水、雪解け水など、飲料水を補給できる場所。

木道《もくどう》
湿原地帯をはじめ、濡れて滑りやすい場所に設置された木材の道。

山小屋《やまごや》
宿泊や休憩をする場所（山荘やロッジなど）。また、避難するために設置された小屋（避難小屋）のことも指す。

稜線《りょうせん》
ピークとピークを結ぶ尾根のこと。

ルート
目的の場所までたどり着く道順。本書ではコースと表現していることもある。

山登りを始める すべての方へ

本書を手にとってくださり、どうもありがとうございます。新しい世界へ踏みこむことは、大きなわくわく感がある一方で、ちょっとした不安もあると思います。それが自然のフィールドなら、きっとなおさら。

登山では知ってさえいれば防げる危険や失敗もたくさんあります。山登りを始める方に、私の経験が少しでも役立つのなら……と、この本にはいろいろなハウツーを詰め込みました。でも、登山は自由なものです。お伝えしたことをヒントに経験を積んだら、みなさんがそれぞれにアレンジをして自分のスタイルを持ち、新しい発想で山を満喫してくれたらうれしいです。楽しい山登りでみなさんの生活がより輝きますように！

小林 千穂

chiho kobayashi

静岡県出身。山好きの父に連れられて、子どものころに登山を始める。山小屋従業員、山岳写真家のアシスタントを経て、編集プロダクションに入社。現在はフリーのライター・編集者として山岳専門誌や、登山ガイドブックの執筆、編集を手がける。テレビではNHKのBSプレミアム「にっぽん百名山」（穂高岳）にも出演。